錦繡山河任遨遊

薛 兆 庚 著

文 學 叢 刊
文史哲出版社印行

國家圖書館出版品預行編目資料

錦繡山河任遨遊/薛兆庚著. -- 初版 -- 臺北市：
文史哲, 民 102.01
頁; 公分（文學叢刊；278）
ISBN 978-986-314-081-8（平裝）

1.遊記 2.中國

690 102001709

文學叢刊 278

錦繡山河任遨遊

著者：薛兆庚
出版者：文史哲出版社
http:// www.lapen.com.tw
e-mail：lapen@ms74.hinet.net
登記證字號：行政院新聞局版臺業字五三三七號
發行人：彭正雄
發行所：文史哲出版社
印刷者：文史哲出版社
臺北市羅斯福路一段七十二巷四號
郵政劃撥帳號：一六一八〇一七五
電話886-2-23511028 · 傳真886-2-23965656

定價新臺幣三二〇元

中華民國一〇二年（2013）二月初版二刷

ISBN 978-986-314-081-8 08278

壯遊履痕

數年前爲表「古稀之慶」，曾撰「回首來時路」小冊。以紀錄在烽火中成長的歷程，並將家國變亂的成因，以第一人稱，作了剴切的記述與描繪，或許可以說，所有文字都是蘸著血與淚完成的，一俟輯印成冊後，即分贈至親好友教正與紀念，以祈博得共鳴。

轉瞬悠忽間，竟逾八載，由於久已脫離職場，亦無塵埃之羈，乃能悠閒渡日，無所事是，尤感於「江山如此多嬌」遂將可「躉售」的時光，投擲於遊歷與觀光的化外之務，以期增廣見聞，及磨練心志與體能。因爲幼時即嚮往「錦繡山河之浩瀚與博大」與「歷史長河之源淵流長」，這都是我生命中極待充實的滋養，儘管在以「山與海」爲重點的遊歷之前，亦曾多次至歐美、東亞諸國遊歷，固然眼界大開，見識增廣，受益良多，但仍覺有「時空距離，感受隔漠」，即便在華夏的廣袤大地，亦曾有無以計數的遊歷，舉凡各景點地區的皇宮大院、古剎寺廟、石窟幽洞、林園宅邸、偏遠民寨、土樓雕堡等風景名勝、以及名人故居（人文、軍政、藝術等領域之巨擘、領袖群倫的知名之士）都曾隨團探遊、造訪，不知凡幾，自亦留存了珍貴的印象和深刻的記憶，彌足珍貴，爲求專一，或容後另闢專章分述之，故暫不列本輯記述。

本冊乃是將前述之見聞景點，作系統且扼要之蒐整、薈集，概分爲「山」與「海（江、湖、河、溝）」兩大部份，其中不少景區是我與妻自組「背包二人組」，於遊走其中之見聞所得，或較深入、亦較有趣，因爲那些曾是我們在「行前功課」中，定爲必遊之地，與必賞之景，自是珍惜不已，基於「凡走過必留下痕跡」的素願，乃不揣淺薄，將之逐篇記述，作爲「望八」之預賀與自珍的紀念。（其中引用之相關數據、資料，摘參旅遊資訊及網站之po文。）

附錄中數篇遊記，曾輯集於前撰之「回首來時路」中，自審各篇文中所記述者，皆與遊歷有關，似仍可併列，雖無新意，但爲便於查閱，特予匯集，作爲紀念。

另有搜列「之怪」兩篇，是旅遊新疆與雲南兩地時之「見」、「聞」，並於實地訪查、探究、搜整之所得，覺其頗爲生動、有趣，且符庶民（普羅）文化之精髓，都能啷啷上口，已遍傳遐邇，對兩地之民風、民俗，有更真實之體悟，特予輯錄，分享同好。

錦繡山河任遨遊

目 次

附錄一

附錄二

山岳的禮讚

以廣袤大地厚實的理肌，在或平坦、或顛躓的胸膛上，或以嶙峋的面貌，或以光潤的容顏，久歷風霜和衝擊的山岳，紛紛豎起了脊樑，傲然矗立，竟然撐起了一方部落、一塊地域、一個國家和整個世界，護佑著生靈，使之得以生存發展，而綿延億年萬代，並成爲歷史長河裡的重要、不可或缺的支撐！

「山」的偉岸與崇高，卻滋養了生靈萬物，而成花花世界，在憬崇之餘，不免有「與之親近」的願望，以期廣闊心胸與視野，並獲取生存的養份，但是它是既巍峨卻又遙遠，而且從來不走向人群，既然山不來靠近我，我只得向山走去，所謂：「山不轉，路轉。路不轉，人轉。」既有此憬悟，我只有「向一座又一座的山走去！」不論遠的、近的、高的、低的，都要竭盡所能地去探訪、親炙、和膜拜！

五嶽之首的「泰山」碑刻林立

登「泰山」而小天下

地藏菩薩道場「九華山」

普賢菩薩道場「五台山」

道教天師發祥地「青城山」

觀音菩薩道場「普陀山」不肯去寺院

天然景觀維妙維肖的「三清山」

「黃山」奇景之一仙人晒靴

江西鷹潭「龍虎山」中之「象鼻山」

瞬息即變的「黃山」雲海

「黃山」始信峰，
險峻、雄偉

「廬山」奇景 — 天橋

「黃山」歸來不看山，「宏村」美景如畫

南歸秋雁寄宿於「雁蕩山」

「黃山」奇景之一飛來石

天開神秀的「齊雲山」

歷史陳跡「廬山」談判台

集秀美與自然風光於一體的「齊雲山」

避暑勝地「廬山」老毛休息室

雲南少數民族納西族、白族等正在
「玉龍雪山」演出「印象麗江」

「武夷山」下九曲碼頭，
乘竹筏盡覽山水之美。

集山、水、岩、泉、洞為一體的「冠豸山」

「東山」島上的奇石 —— 風動石

「長白山」被韓國人尊之為「聖山」

洩銀吐玉的「大郭山」岳飛試劍石。

瞬息萬變的「長白山」天池

佇立在冰天雪地裡

無峰不奇的「千山」

鬼斧神工的「張家界」

規模宏大的「清明上河園」

武以寺名、寺因武顯
的「少林寺」

包青天辦案的「開封府」

會當臨絕頂，一覽眾山小「張家界」景區

張家界的後花園 ——「袁家界」

谷壑幽深、氣勢磅礴的「金鞭溪」

洞天福地的南岳「衡山」

王母娘娘認定有「仙氣」的
「天山」與「天池」

湘人才子培養所

「日月山」上的文成公主塑像

玉潔冰清的「四姑娘山」風景如畫

神秘又美麗的「月牙泉」

「鳴沙山」的駝鈴響叮噹

京城市民樂園「景山」全貌

集溪、壑、岩、瀑、洞於一體的「武夷山」

京城人民公園「香山」

無山不綠，無峰不秀的「十萬大山」

京城市民樂園「景山」

塞內外的關口「鐵門關」

江南名勝之最「金山」

「金山寺」中之三潭印月

張騫、唐僧曾經此關前往西域

天下第一江山「北固山」

熊焰撩天的「火焰山」

神秘峽谷中的「紅山」

「阿里山」的早晨曙光耀眼

峰巒插天的「紅山」

「阿里山」的高山火車

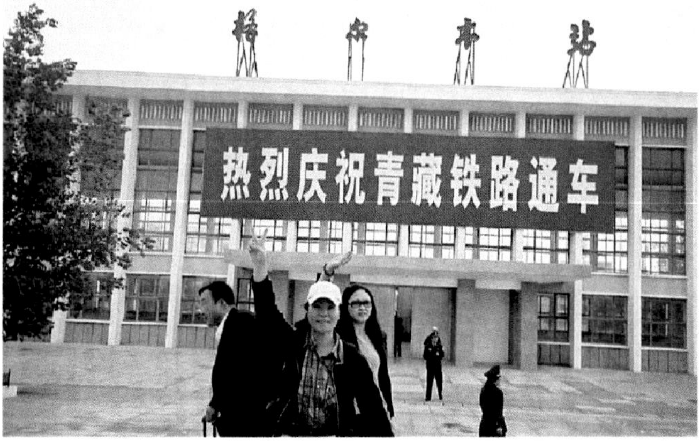

青藏鐵路首航

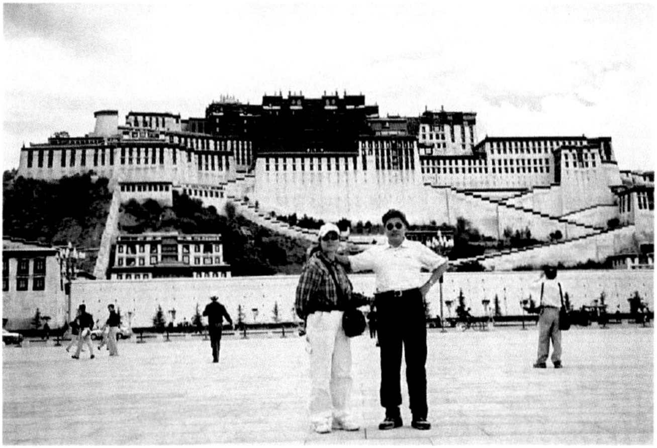

布達拉宮——西藏的政教中心

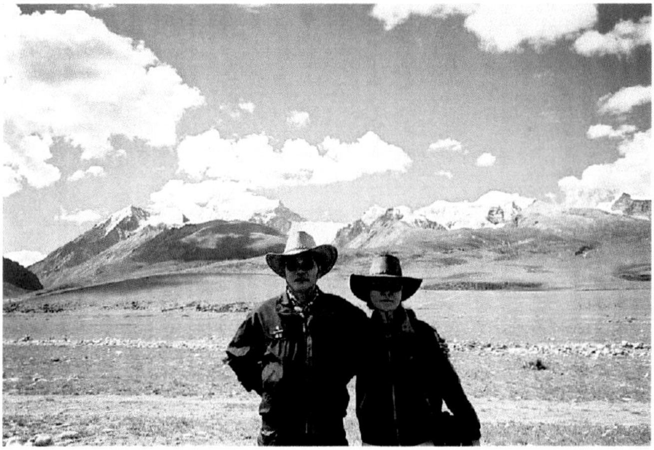

「西藏」的藍天白雲伸手可及

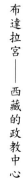

上圖：「貢嘎山」、「海螺溝」都在高原之上。
左圖：「西藏」高原地標。

巍峨的山岳

五嶽之首——泰　山

自古以來，中國人就崇拜泰山，故有「泰山安，四海皆安」之說，從秦皇漢武，到清代帝王，或封禪、或祭祀，綿延不斷，並在山上建廟塑神，石刻題字，孔子云：「登泰山而小天下」，古今文人雅士更對泰山仰慕備至，千百年來，紛紛前來游歷，作詩記文。在宏大的山體上留下了三十餘處古建築群，2,200餘處碑碣石刻。一九八七年，泰山被登錄為「世界自然與文化遺產。」

欲登泰山，必先覽山下岱廟，此廟是祭祀泰山神的所在，亦為主廟，創於秦漢（公元前二二一－二二〇年）拓修於唐宋，重檐廡殿，金碧輝煌，殿壁繪有「泰山神出巡」的巨大壁畫，場面

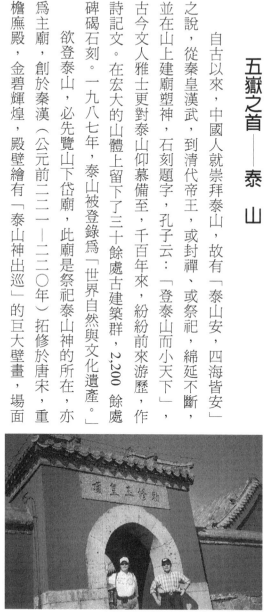

盛大，氣勢恢宏，神采飛揚，爲藝術瑰寶，廟內古木參天，碑碣林立，堪稱稀世之珍品。

泰山景區分爲：「幽」、「曠」、「秀」、「奧」、「妙」五大遊覽區。東路從紅門至南天門，有6,293級石階，峰回路轉，步移景換，爲歷代帝王登山封禪的御道。沿路有「紅門宮」、「萬仙樓」、「斗母宮」、「經石峪」、「中天門」、「十八盤」等勝景。西路從天外村乘車至中天門，盤山公路九曲回腸，有「黑龍潭」、「長壽橋」、「扇子崖」，沿山環繞，景色曠秀。桃山區有「翠屏山」、「筆架山」、「五峰疊翠山」、「彩帶溪」、「一線天」等群峰競秀，溪瀑爭流，頗具江南山水風韻。后石塢區之松濤爲岱陰一絕，「百丈瀑」、「天燭瀑」飛流直下，聲震十里。泰山之「妙」在「岱頂」，登上「南天門」，漫步「天街」玉欄石階，彷如遊天府仙界，飄飄欲仙，盡得大自然之奇妙。再經「碧霞寺」、「大觀峰」，即達泰山極頂——「玉皇頂」。在極頂可睹日出雲海的勝景，如登仙境。

巍巍泰山是古老的，在舊石器時期，就有人類活動的踪跡，在新石器時期，泰山孕育了燦爛的「大汶口文化」和「龍山文化」。及至近代更多創新的建設，如遊覽索道、直昇機場、觀光飯店、諮詢中心、夜燈道路，在在都爲「觀光泰山」增添便利設施，而成世人遊覽的勝地。

泰山固是「豪邁山東」之主要景點，在爲期八日的遊程中，尚有省會濟南的「大明湖」、天下第一泉的「趵突泉」，聖人故鄉曲阜的「孔廟」、「孔林」、「孔府」（品嚐道地的孔府家晏菜），淄博的「齊國歷史博物館」、「殉馬坑」，濰坊的「風箏博物館」，水城蓬萊的「蓬萊閣」，煙台海邊的「八仙過海」處，如氣候適宜，可看到美麗的「海市蜃樓」，以及聞名中外的「張裕葡萄博物館」，「煙台山公園」。在山東半島最東端，有「山光海色美，果香魚肥蝦」聞名威海，搭乘十五分鐘渡輪至扼渤海之咽喉的「劉公島」，此爲中國海防重鎮，亦即甲午戰爭之海戰場，在憑弔之餘，令人唏噓浩歎！隨後至有「美麗的濱海城市」之稱的青島，山巒起伏，綠樹成蔭，公園眾多，近郊有「嶗山」（古稱「勞山」「牢山」）有九宮、八觀、七十二庵之稱，市內有「小魚山公園」，登高可觀「紅瓦、綠樹、藍天、碧雲」的市景，「五四廣場」、「音樂廣場」爲遊人駐足流連之處，青島啤酒廠，更是聞名遐邇，爲飲者必訪之處。

佛教首山——五台山

中國四大佛教名山之首的「五台山」，位於山西省五台縣東北部。是聞名世界的佛教活動場所。據佛教經典說是四大菩薩之首的文殊菩薩道場。自東漢永平十一年（西元六十八年）開始建廟，傳播佛法。至今已近二千年。是僅有一處青廟（漢傳佛教），

黃廟（藏傳佛教）居一山，共同講經說法的道場。被譽爲中國佛教的縮影。是世界著名的佛教聖地，亦是東方各民族的宗教信仰中心。五台山因山體五峰聳峙（北台葉斗峰、東台望海峰、西台掛月峰、南台錦繡峰、中台翠巖峰），頂平如台，故名「五台山」。

「菩薩頂」是五台山最大的喇嘛寺院，位於傳說中文殊菩薩居住的靈鷲峰頂。「顯通寺」是建寺最早、規模最大的寺院。「羅喉寺」爲著名的喇嘛寺，內有「花開現佛」爲蓮花台轉動時，八片紅色蓮花瓣徐徐張開。蓮花中心即顯現出四尊背靠背的阿彌陀佛。「塔院寺」塔高六十米，爲最突出的建築物。內有文殊菩薩頭髮，又稱「文殊髮塔」。「殊像寺」爲最高大殿宇，有文殊菩薩騎獅像，高九米，爲五台山最傳神的一尊。「碧山寺」寺廟隱落在一片樹林之中。「普化寺」位於「黛螺頂」，爲年輕寺廟。

進入五台山境區，極目所視，在峰之頂、山之麓、道路旁，廣場中，都建有規模大小不一、形式殊異的寺廟、殿宇，據說在鼎盛時期竟有三百餘座之多，其密度之大、香火之盛，信徒之衆，可說冠於峨嵋山（普賢菩薩）、普陀山（觀音菩薩）、九華山（地藏菩薩）各道場之上，洵非偶然，我等僅選擇名氣、規模較顯、較宏偉者參拜，以示尊崇。

觀音慈航——普陀山

「海上有仙山，山在虛無縹緲間」，普陀山是全國著名的「觀音道場」，其宗教活動始於隋唐，後經歷宋、元、明、清幾代修建，規模愈大，鼎盛時期，全山共有三大寺、八十八庵，一二八茅蓬，4,000 餘僧侶，可謂「山逢曲處皆有寺，路欲窮時便遇僧」，史稱「震旦第一佛國」，或「海天佛國」。

普陀山孤懸海上，自浙江寧波大榭碼頭，乘船約七十分鐘即達。千年普陀山是一座宗教聖山、文化名山，也是自然奇山。普陀十二景，或險峻，或幽幻，或奇特；聖潔清淨的夜月，朝氣盎然的「梅灣春曉」，綿亙燦爛的「千步金沙」，澎湃激越的「古洞潮音」，無不引人入勝。

普陀山的景點多而集中，可步行、可乘專線車遊覽，分三線十五分鐘一班，甚爲便利。其主要景點，計有「寶塔聞鐘」、「朝陽湧日」、「蓮池夜月」、「蓮洋午渡」、「短姑聖跡」、「法華靈洞」、「古洞潮聲」、「華頂雲濤」、「洛迦靈山」、「梅灣春曉」、「千步金沙」、「磐陀夕照」，島上寺廟眾多，其較具規模者計有「普濟寺」、「慧濟寺」、「法雨寺」、「洛迦山」、「紫竹林」、「南海觀音大佛」、「不肯去觀音院」等，凡參拜者走過、經過、悟過，便可得道修成！亦即「千處祈求千處應，萬邦感應萬邦靈」。

西天景區另有「盤陀石」、「二龜聽法石」、「觀音古洞」、「心字石」亦是遊客參訪之重要景點，不可錯過。

作家郁達夫遊普陀作詩紀盛：「山谷幽深杖策尋，歸來日色漸西沉。雪濤怒擊玲瓏石，洗盡人間絲竹音。」堪爲此遊之最佳描述，特錄如上。

地藏道場——九華山

佛教四大名山之一的「靈妙九華山」，原名「九子山」，因大詩人李白見此山「高數千丈，上有九峰如蓮花」賦詩更名爲「九華山」。位於安徽省長江中下游地區，山勢雄偉，群山競秀，植被繁茂，瀑飛泉湧，自然風光與人文景觀，佛教氣氛融爲一體，素有「東南第一山」之稱，自古是著名的旅遊勝地。

九華山係地藏菩薩之道場，亦稱「蓮花佛國」。其四大叢林：「化成寺」、「百歲宮」、「月身殿」、「祇園禪寺」相傳九華開山之寺，唐朝時新羅僧人金喬覺入居，至貞元十年，金喬覺九十九歲圓寂後，僧衆視他爲地藏菩

薩化身，並將其肉身供於寺西，神光嶺頭石塔之中，尊爲「金地藏」，「化成寺」遂闢爲「地藏王道場」。「百歲宮」原名「摘星庵」，來自河北的無瑕和尚來此修行，活到一百二十六歲，相傳他死後三年遺體未腐，眾僧驚奇，處心供奉：改「摘星庵」爲「百歲宮」。「月身殿」中供奉肉身六座，香火極盛。

九華山乃佛教聖地，故廟宇櫛次鱗比，或殿或堂，所禮敬膜拜者，俱爲釋迦牟尼佛，及其信徒弟子之塑像，高大數丈，亦有蹲坐者，其所表現皆爲慈悲濟人之襟懷，令人肅然起敬。

因各佛殿錯落於山峰要點，或需拾級而上，或需攀登始達，總之需相當體力方能遠走、穿梭於廟堂、殿宇之間，沾些許法喜，滿載恩澤，盡興而歸。

天然造景——三清山

位於江西省上饒縣境，有一座海拔 2,000 餘米的奇石羅列，群峰疊翠的大山——三清山，分東西海岸景區，需乘纜車登臨（門票150元，纜車110元，年滿七十歲可免門票），在西海景區之步道，由高空棧道構成，全長四公里，繞山而行，頗平穩潔淨，號稱世

界最長的景點棧道，沿途景點眾多，且距離甚近，如在眼前，幾乎伸手可及。東海景區之高空棧道亦有三公里長，其主要景點爲「玉皇頂」係道教殿宇，頗具規模，香火甚盛。在海拔1,577米之「南清園景區」景點有「一線天」、「玉清台」、「瀏霞台」、「司春女神」、「巨蟒出山」、「九龍戲鳳」。午後續遊「萬壽園景區」如一天然盆景，景點以精緻神韻見長，契合「祥壽」文化主題，啓示健康養生之道。範圍從壽山經「觀音台」、「鶴壽頂」、「得祿台」、「逍遙石」至「樹開石」一帶呈環狀遊線。再乘纜車下山，遊覽「龜峰」，是一處峰奇石巧，象形獨秀，生態極爲優美的丹霞自然風光區。

另一世界最大的天然山體臥佛，長四一六米，高六十八米，需搭乘遊船前往，所謂「山是一尊佛，佛是一座山」，甚貼切。另在山麓有「弋陽書院」也叫「疊山書院」，原爲南宋學者謝枋得讀書之處。不遠處有丹霞地貌之「南岩禪寺」，其中之「南岩石窟」令人驚歎不已！有「中華第一佛洞」之稱。

三清山之天然景觀，均維妙維肖，乃億萬年歲月沖積而成，誠造物者之偉大神功。直可比美黃山與張家界之山景，令人賞心悅目，心馳神往不已！

道教首山——龍虎山

位於江西省鷹潭市，西南郊十六公里處，是道教發祥地，國家4A級重要旅遊區，亦是國家地質、森林公園，源遠流長的道教文化，獨具特色的碧水舟山和千古未解的崖墓之謎，構成景區自然景觀，和人文景觀的「三絕」。

於景區可乘竹筏漂流，可賞二十里仙踪縹緲之畫屏，登高探奇，可觀九十九峰龍騰虎躍之雄峻。千峰競秀，萬壑爭流。瀑布斜飛，籐蘿倒掛，可謂真實之描繪。

龍虎山原名「雲錦山」，東漢中葉，第一代天師張道陵在此肇基，煉九天神丹，丹成而龍虎見，山因以名。張天師在龍虎山承襲六十三代，歷經一千九百多年，是我國一姓嗣教，時間最長的道派。

龍虎山有九十九峰，廿四崖，一〇八處自然和人文景觀。明淨秀美，婀娜多姿的瀘溪河，似一條玉帶，把「上清宮」、「龍虎山」、「仙水崖」等景點串連一線，乘竹筏順流而下，廿里山水宛若仙境。

歷時二千六百多年的春秋戰國崖墓群，以其分佈廣、數量多、位置險、造型奇特，堪稱世界一絕。「仿古升棺」之表演，令人嘖嘖稱奇。

景區內另有一座形佾「象鼻」之石山，沿路前往一睹，途經叢林見一木材搭建之座臺，看似簡陋，但標記卻嚇我一跳：「張天師煉丹處」，內無陳設，諒係年久失修，乏人管理，令我嘆息，僅攝影留念，即匆匆結束「絕特山水」之旅的行程，返回塵市。

天師發祥——青城山

青城山位於四川省重慶市汶川縣西南部，是後漢張道陵創建道教之地。亦是「世界文化」、「自然風景」雙遺產地，國家4A級旅遊區。國家級文明風景名勝區。

道教發祥地之一的青城山景區，與「月城湖」緊密相依。乘青城山旅遊索道，可遠眺川西平原美景，近觀青城天倉三十六峰、一〇八景，欣賞春天的新綠、夏季的山花，秋日的紅葉、隆冬的雪景，令人賞心悅目，心曠神怡。

「月城湖」位於青城前山腹地，距前山門約一華里。此處青城環繞，山青水秀，波光粼粼，環境優美，可東觀雄偉「丈人峰」，南眺望「青城第一峰」，西達道教發祥地「天師洞」，是休閒的勝地。可在此乘索道直到「上清宮」。

民國九十六年十月間，我們參加「四川西南——康巴之旅」，在遊歷冰山大川之後，曾在青城山作半日遊，因八年前亦曾訪遊，尚有些許印象，多數景點固然如舊，但此度再遊，則感受大不相同，以前是走馬觀花，而此次則較仔細深入，尤其此刻翻閱當時的相片、紀念品時，心中的五味雜陳的感觸，確難描述，因爲就在我們遊歷後的半年間（二〇〇八年五月十二日14、26時）發生驚天動地的「汶川大地震」，震級高達八級，破壞地區十萬平方公里，死亡69,227人，傷374,643人，失蹤7,824人，損失8,451億元人民幣，來自世界各地（含台灣）的救濟、捐助，更是空前踴躍，目睹災區滿目瘡痍的慘況，不由心酸欲泣，因爲那些地區我曾走過，或許罹難的人們亦曾見過，如今竟天人永隔，寧能不嘆世事無常！

浩瀚林海——黃　山

雄踞於中國安徽省南部的黃山，古稱「黟山」，是中國十大風景名勝中，唯一的山岳風景區。全山南北長約四十公里，東西寬約三十公里，其中劃入景區精華部份，爲一五四平方公里，號稱「五百里黃山」。

黃山之上可謂千峰競秀，萬壑崢嶸，峽谷幽長，溪澗縱橫，林木葱蘢，氣候宜人。春夏秋冬四時風光，各顯其采，各得其趣，洋洋大觀，美不勝收。

黃山美景，盡得造化之神奇，絕無斧鑿之痕，古人云「薄海內外無如徽之黃山，登黃山天下無山，觀止矣！」

黃山景區大，景點多，著名勝景有「三湖」、「三瀑」、「廿潭」、「廿四溪」、「卅六小峰」，兼以日出之壯麗，晚霞之絢爛，佛光之妙奇。黃山尤以匯蒼翠俊秀的「奇松」，鬼斧神工的「巧石」，噴湧不絕的「溫泉」，變幻莫測的「煙雲」爲一體著稱，形成了獨特而奇異的風格，令人心馳神往，流連忘返。

黃山以峰爲骨，七十二峰，峰峰見奇，山山見異，「蓮花峰」、「天都峰」拔天極地，氣衝霄漢，險峻雄偉，「始信峰」，凸於絕壑，玲瓏小巧，清幽秀麗，陽剛之氣，陰柔之美兼具，兩種風格和諧統一，相得益彰。

黃山之美始於松；蒼勁挺拔的黃山松，破石而生，抱崖而立，或側身於峭壁，或冠蓋於岩首，美得奇，奇得絕，巨松高數丈，郁郁葱葱：微松不盈尺，秀雅別致。有的枝杆如臂，禮迎賓朋，年年歲歲，其情殷殷。有的虬根盤結，如蒼龍凌波，猛虎臥崗，生動逼真，威風八面。黃山松俯仰自如，曲伸有度，臥立成章，千姿百態，氣度非凡。

黃山之奇，更在於以「變」勝。「峰奇石奇松更奇，雲飛水飛山亦飛」松雲相依，剛柔相濟：泉石相伴，相映成趣。一景多變，步移景換，昏曉晴雨，朝夕有別，四季迴異，風情萬種。他山以「形」勝，觀無窮；黃山以「變」勝，觀無窮。黃山之魅力，難以盡述，全憑感悟與體會。

黃山之著名景點，計有「迎客松」、「玉屏晴巒」、「雙龍探海」、「始信峰」、「雲海松濤」、「清涼台」、「海外瓊島」、「天都霽雨」、「峰崗雙松」、「蓬萊之島」、「鯽魚背」、「猴子觀海」、「松雲伴岳」、「始信雲霞」、「西海深幽」、「九龍臥雲」、「仙人晒靴」、「雙箭入雲」、「仙人指路」、「夢筆生花」、「蓬仙島」、「天都石區」、「群峰邀飛石」、「光明頂」、「飛來石」、「百丈飛瀑」、「天池」、「仙桃峰」及「送客松」等數十處，目不暇給，觀之驚嘆不已！

民八十六年九月初，余夫婦參加同學組成之「曉園旅遊團」先遊長江三峽，直下武漢再轉黃山，當日住西海，次晨飽覽黃山各處主要景點，午後即至「光明頂」，遠眺「玉屏」、「蓮花」諸峰，怦然心動，意欲登臨，乃邀憲灝學長、劉玉清大嫂及黃姓導遊，一行四人，翻越數座海拔不高，但頗陡險的山崗（約70°－80°）謂之「天梯」，約兩小時，在舉步維艱中，攀登1,864海拔之「蓮花峰」，此峰爲黃山之最高峰，頓時欣悅與疲憊交集，頗有「身登絕頂我爲峰」的感慨，此度遨遊可謂「壯遊」中之「壯舉」吧！後沿原路而返，與團員會合。

避暑勝地——廬　山

廬山又稱「匡山或匡廬」，隸屬江西省九江市，傳說殷周時期有匡氏兄弟七人，結廬隱居於此，後成仙而去，其所居之廬，幻化爲山，故而得名。位於九江市南三十六公里處，北靠長江，南傍鄱陽湖。南北長約二十五公里，東西寬約二十公里。大部份山峰在海拔 1,000 米以上。主峰「漢陽峰」海拔 1,474 米，雲中之山城「牯嶺鎮」海拔 1,167 米。古來之文人墨客如李白、蘇東坡、白居易、陶淵明等爲之吸引來此，因其氣候宜人，而成爲聞名遐邇的避暑勝地。現已成「世界自然與文化遺產名錄」。

廬山雄奇秀拔，雲霧繚繞。景區有「牯嶺街」、「花徑公園」、「如琴湖」、「天橋」、「錦繡谷」、「仙人洞」、「博物館」及「美廬別墅」，此爲蔣介石、宋美齡夫婦於抗戰時期，寄寓避暑之處，現尚有留存的物品展示，供遊客參觀，而最令人難以想像的，則爲蔣公之臥室，中共建政後，毛澤東亦曾下榻，中國近代兩大領導與世仇宿敵，竟先後在同一空間生活過，既奇妙又諷刺。「美廬」對面又有一座陳設簡樸的「周恩來同志紀念館」。

含「鄱口」和對面的「漢陽峰」，形成一個巨大甕口，大有一口吸盡山麓鄱陽湖水之勢。「談判台」係抗戰期間蔣介石與美使馬歇爾，調停國共爭戰談判之處，佇立憑弔，不勝唏噓。

沿景區東門方向行走，可遠眺「五老峰」，及氣勢奔騰的「三疊泉」，沿途之山光水色，可謂絕美，尤雲霧繚繞，仿如仙境，難怪古今之騷人墨客，歌讚不絕，良有以也！

寰中絕勝——雁蕩山

「雁蕩山」位於浙江省樂清市境內，部份位於永嘉縣及溫嶺市。距溫州六十八公里。素有「寰中絕勝」「海上名山」美譽。史稱「東南第一山」。五百多個景點分佈於八個景區，以奇峰怪石、古洞石室、飛瀑流泉稱勝。因山頂有湖，蘆葦茂密，結草爲蕩，南歸秋雁多宿於此，故名「雁蕩」。

「靈岩」、「靈峰」與「大龍湫」被稱爲「雁蕩三絕」。靈岩正當其中，人視爲雁蕩山的明庭。以「靈岩古刹」爲中心，後有燦若雲錦的屏霞嶂，左右天柱，展旗二崖對峙，壁立千仞。因「渾龐」而生肅穆，人處其中，頓覺萬慮俱息。「靈峰」是雁蕩山的東大門，雁蕩山最華美的樂章之一。沿「鳴玉溪」而上，山

腋兩壁，危峰亂疊，溪澗潺潺。「大龍湫」在馬鞍嶺與東嶺之間，古稱「內西谷」。谷中有「錦溪」，其水源於大龍湫，注經行峽，沿筋竹澗入清江而歸海。「大龍湫」號稱「東南第一懸瀑」，「小龍湫」之瀑布氣勢則稍弱，但均吸引眾多遊客，摩肩接踵，途爲之塞。中途有藝高膽大者表演「崖壁下降」、「空中飛渡」，令人驚奇激賞。

當晚尙有「夜遊」之安排，所經之景點。皆是日間所曾觀賞者，但夜幕低垂，在夜空透視之下，其山崖奇石之造形，都賦予了神話的想像空間，諸峰剪出片片倩影，即有「犀牛望月」「雄鷹斂翅」「夫妻峰」「相思女」一一顯靈，令人神思飛翔，浮想聯翩。此即所謂：「日景耐看，夜景銷魂」。此語不虛。

鐘靈毓秀——齊雲山

集秀美的自然風光，與多彩的人文景觀，爲一體的「齊雲山」，位於安徽省黃山市休寧縣城西十五公里。以其歷史悠久的道教文化，神奇獨特的丹霞地貌，琳瑯滿目的摩崖石刻、鐘靈毓秀的山水田園風光，聞名於世。先後膺選爲國家「重點名勝區」、「森林公園」、「地質公園」、「4A級旅

遊景區」、「國家重點文物保護單位」。

齊雲山道教始於唐代，盛於明清，史列全國四大道教名山，清乾隆皇帝贊曰：「天下無雙勝境，江南第一名山」。宮、觀、院、房和民居錯落有致。嘉靖皇帝賜建的「玄天太素宮」，名冠江南，道教文化豐富多彩。

齊雲山的摩崖石刻，堪稱一絕，絕壁丹崖之處，石窟洞天之間，流淌著文人墨客寄情山水的佳句，書法大家精彩紛呈的名作。現存摩崖石刻五三七處，「天開神秀」、「齊雲勝景」、「亙古奇觀」、「壽」字及「一天門」碑林，均讓人嘆爲觀止。

齊雲山的自然風光優美，峰巒疊嶂，雲煙飄渺、崖壁陡峭，岩洞幽深，山清水秀。有32奇峰、72怪石、16幽洞、23險澗。奇峰怪石林立，似人似物，維妙維肖。「香爐峰」、「五老峰」、「駱駝峰」、「象鼻岩」等雄偉而有神韻。古橋蜿蜒橫江，徽派民居散落林間，仿似點睛之筆。秋日來遊，氣爽神清，可徐步緩行，極目遠眺，可搭纜車，俯瞰山林，恍若雲仙，在山奇、水秀、石怪、洞幽間悠遊，不亦快哉！

九曲環碧——武夷山

位於閩贛邊界的「武夷山」，方圓六十公里，是中國一座歷史文化名山，並列入世界自然和文化雙重遺產名錄。武夷山主峰「黃崗山」海拔2,158公尺。山地分東西兩列，是北東走向，相互平行，東坡緩、西坡陡。係「丹霞地貌」的風景名勝，其特色是「天然」。溪、壑、峰、岩、瀑、洞各具奇趣。素有「奇秀甲於東南」之稱。自秦漢以來，留有不少宮觀、道觀和大量摩崖石刻。主要風景是「溪曲三三水，山環六六峰」。九曲溪依山而流，曲曲山迴轉，峰峰水抱流。

遊覽「武夷山國家風景區」，先登第一勝地「天遊峰」，峰頂上之覽亭稱「上天遊」，放眼四望，九曲環碧，千峰飛山翠，盡收眼底，西側有「仙掌峰」，巨崖壁立，青蒼瑩潔，徐霞客評爲「其不臨溪而能盡九曲之勝」。

自「九曲碼頭」乘竹筏沿「九曲溪」而下，兩側風景有「倒景侵寒綠」之美，俗稱「三三秀水清如玉，六六奇峰翠插天」。詩情畫意。絡繹於途的遊客，在摩肩接踵間，盡享超然化外的山水之美，莫不陶然欲醉。

山麓有唐、宋時所建的「武夷宮」，後賜「沖佑萬年宮」。後人懷舊，特建「仿宋古街」，「石坊門」、「古門樓」均富宋代遺韻。

素有「世界第一的烏龍茶——大紅袍」亦在景區岩邊，因此樹只年產七兩茶，自古皆爲皇帝貢品，堪稱舉世稀珍，觀之莫不嘖嘖稱奇。

價值連城——冠豸山

位於福建省連城縣東南，國家級風景名勝區，國家4A級旅遊區——冠豸山，以其主峰酷似古代御史頭戴的獬豸冠而得名。冠豸山由「獬豸冠」、「石門湖」、「竹安寨」、「九龍湖」、「雲霄岩」五大景區組成，總面積一二三平方公里，屬壯年期典型丹霞地貌。

「獬豸冠」、「石門湖」風景區，集山、水、岩、泉、洞為一體，雄、奇、幽、秀，絕諸特點於一身。有宋、元修建的古書院及摩崖石刻四十多處，古今名人的翰墨手迹一百多處。美景情趣躍然，文化品位厚重，乃客家第一神山。

古有「北夷南豸，丹霞雙絕」之言。陰陽稱雙絕，是遊人讀不夠的生命大典，作為「冠豸山」山水代表作的「生命之根」和「生命之門」兩個形象逼真的景點，相距僅一公里之遙，一在水中，一在湖畔，陰陽相對，遙相呼應，人稱「陽剛天下第一，陰柔舉世無雙」。堪稱「丹霞雙絕」。

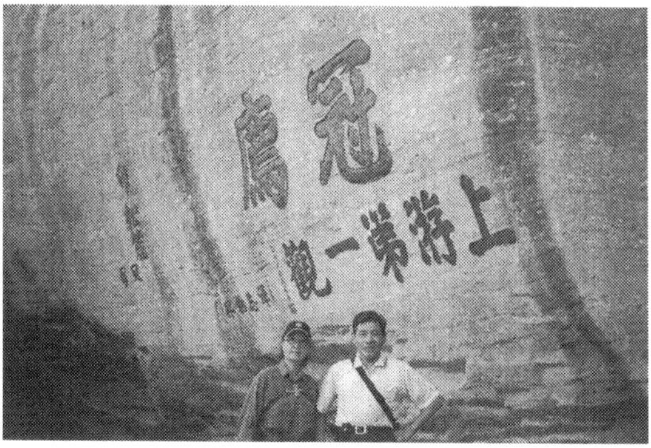

「冠豸山」在連城近郊，僅2.5公里之遙，可安步當車往遊，購「山湖連票」（78＋60元）

即可遊覽各處景點。「石門湖」在高山峻嶺間，清澈澄碧，小艇穿梭於山谷之間，飽覽兩岸綺旎風光，岸上岩石型貌，每予好事者美妙聯想，所謂：「三分形像，七分想像」。

「碧水丹山迎遠客，村姑無黛貌傾國；古往今來悠悠事，冠豸有價值連城。」描繪妥切、信然。

南國濱海——東山（島）

福建省轄泉、漳兩州，與台灣一海相隔，但歷來與台灣的淵源卻極深厚，語言、風俗幾無分別，致明、清以降先後有成千上萬的民眾，架舟橫跨艱險的黑水溝，冒死渡海來台，求取生存發展，以迄於今。

此度特別跨海，循「小三通」的路線，遊訪漳州的第二大島——東山，不外兩個目的：其一是瀏覽島上的歷史古蹟與濱海風光，其二則是憑弔半世紀前（一九五三年）國、共對抗時的「殺戮戰場」——東山島突擊戰。我之對此戰役滿懷關注與好奇，實因在國軍退棄大陸，在台生聚教訓，整軍經武，老蔣總統每思「反攻」，期湔雪前恥，乃於民國四十二年（一九五三）組成一支突擊部隊，

選定大陸沿海較易突破之島嶼，進行「突擊戰」，如順利得手，即建立「反攻據點」，再順勢向內陸挺進，以擴大「戰爭面」。此一構想，美則美矣，但衡諸實際，則是艱難重重，結果必是殘酷的「失敗」。據史料記載，當年選定於七月十六日凌晨，國軍兵分兩路，一自距東山較近的金門，派一支精銳的陸軍步兵約數千人，乘登陸艇搶灘登陸（其中有部份成員是政工幹校在部隊實習的學生），另一支部隊是從台灣屏東選派的傘兵約五百人（分乘十七架飛機）從天空降落東山，與登陸突擊部隊，配合夾擊，期能一舉佔領，再逐步向內陸挺進。無奈天不從人願，因當時氣象不佳，錯算潮水，乃致「登陸」與「空降」兩支部隊，未能如期支援，實施「夾擊」，而反被戍守的共軍分別擊潰，殘部則匆匆撤回。東山小島頓成「殺戮戰場」；傷殘無數，血屍遍野，此一沉痛史實，因年代久遠，現住民中鮮少人知，或被刻意淡忘，但偶與當時「赴戰」的學長「談往」，則多悲憤與遺憾，往固已矣，如今我躑躅東山島的灘頭、巷尾，古戰場的傷痕，已不復尋覓，自有不勝今昔的感懷！

東山島古稱「銅山」，位於福建廈、漳、泉三角地帶的南端，面積一九四平方公里，呈月牙型，島上平坦遼潤，由八尺門海堤建橋與雲霄連接，有公車往返。島上著名景點「風動石」，形似玉桃，重二百噸，底部僅數寸觸地，手推、腳蹬皆可搖動，但絕不墜倒，颱風、地震都不受影響。致有「天下第一奇石」之譽，另一則是金碧輝煌的「關帝廟」，面闊三門，進深六間，抬樑式木架構，殿宇飛簷，斗拱精緻、雕樑畫棟，香火鼎盛，為民眾信仰中心。

明朝武美殿大學士、抗清英雄黃道周之故居亦在島上，其餘尚有「虎崆滴玉」、「石僧拜塔」、「遠古岩畫」等景點，俱可一觀！

東山島是「閩南漁場」與「粵東漁場」之交匯處，故漁鮮豐富，居民多從事漁撈爲業，併向內陸銷售，所得供作生計。一般民衆仍保持傳統的淳樸風俗：勤懇、純厚的性格，都浮現在海風終年吹拂的肌膚與面貌上，他們是一群忠愛鄉土與家園的子民，可親！可敬！

洩銀吐玉——大鄣山

在浙江、江蘇、安徽三省交界處，有一處可謂「人間福地」，由於迄今仍保留完好的風俗、古樸的建築，且爲歷代多名進士、大夫，舉人之出生地——婺源、（曉起、江灣、汪口……）因各省曾爭相轄管，可見此一人文薈萃之地的特色。

在遊罷聞名遐邇的廬山、三清山、龍虎山之後，探訪的腳步竟來到此一名氣不大，但風景絕美的「大鄣山」遊覽。

「大鄣山」現在安徽省績溪境內，是上饒、婺源的北部屏障，屬黃山之餘脈，古稱：「頭子都」、「三王山」、「鄣峯」，春秋時之吳越分界處，秦代設「鄣郡」，以山爲名。現爲聯合國生

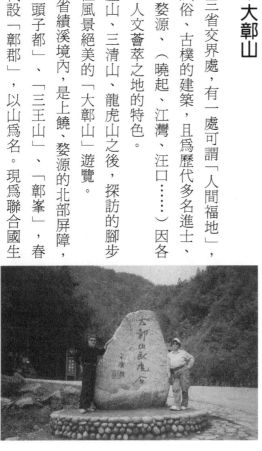

態示範區，森林之覆蓋率高達97％。

大鄣山由清華驅車約半小時可達，此山以巨石、瀑布聞名，海拔僅八百餘公尺，登山道路平緩且潔淨。置身飛瀑流泉、洩銀吐玉、彩池幽潭，碧綠清新，山峯岩石，挺拔奇巧、生態民情，原始古樸，誠爲一幅活脫脫之天然潑墨山水畫、也是一曲雄渾跌宕野性的交響樂，令人陶然忘返。

另在南昌十五公里之外，有「小廬山」之稱時「梅嶺主峯」，海拔八百四十一米，景區山山相連，層巒疊嶂、因眾多風化剝蝕形成之花崗岩怪石，形態各異，溪流泉瀑密集，溪澗蜿蜒流淌，花草遍野，及千畝竹林，因雪災折損、殊惜！

古今名人雅士多人曾蒞此，尤宋朝武將岳飛，曾於主峯巨石上試劍（一劈爲二）姑且信之。

途中邂逅本地之四位年青婦女，結伴同行，談天說地，互贈食物氣氛融洽，相逢自是有緣，信然。

三江發源——長白山

古稱「長白山」爲「白頭山」，係因其終年積雪而得名。位

於吉林省東南部，南部與北韓（朝鮮）相連，被其譽爲「聖山」，終其一生必登臨朝拜，以示虔敬之情。長白山是中國東北著名的風景區。亦是一休眠的火山口，長年積雪，松花江、圖們江、鴨綠江都發源於此。其名勝有「天池」、「長白群峰」、「長白瀑布」、「長白溫泉」等。

長白山自然保護區，建於一九六〇年，以「天池」爲中心，總面積 196,465 公頃，區內的自然景觀與動植物區系，是歐亞大陸北半部典型的自然綜合體，世界罕見。因自然資源完整，而成一座天然的自然博物館，亦是生物物種的天然貯存庫，科學的天然實驗室。一九八〇年聯合國教科文組織批准，列爲世界自然保留地。

「天池」位於群峰環抱之中，海拔僅 2,194 米，卻是中國最高的火口湖，是橢圓形，湖水深二〇四米，最深三七三米，湖水湛碧，時爲雲霧籠罩而不得見，乘接駁車登山，再爬約二百米之陡坡即可盡覽，據說時有時機與氣候不洽者，只見雲霧，未睹湖水，因瞬息萬變，空手而回者大有人在，連權貴如江澤民者，曾三上而未得一見，證明機遇難得。我們何幸竟能在湖之半週盤垣半小時之久，盡覽天池之神秘多姿的風貌。

「小天池」在山麓，面積不大，約十數分鐘即可繞行一週，湖面如鏡，亦稱「長白鏡湖」。「瀑布」落差六〇米，懸崖墜下，雷霆萬鈞，氣勢壯觀，可遠眺留影紀念。

群峰相連——千山

位於瀋陽有「鋼都」之稱鞍山市，有歷史悠久的「千山」，古稱「千華山」、「千頂山」、「千朵蓮花山」，繁榮時期曾有七寺、九宮、十二觀和十庵等建築，全山共有九九九座山峰，近千數。千山之名由此得來。

千山爲東北三大名山之一，素有「無峰不奇、無石不峭、無寺不古」之譽。千山既是道教又是佛教的聖地。佛道融和，亦是奇特罕見者。

因地區遼闊，地勢陡峭，需乘電瓶車再轉乘纜車上下，始能到達各處之重要景點，其最著名者「五佛頂」、「天然大佛」、「無量觀」（是千山廟宇中最大者，相傳係道士劉太琳於康熙六年所建造。共十九棟建築，四十九間廟宇）「龍泉寺」爲千山五大禪林之冠。其中以『大雄寶殿』最爲雄偉壯觀，整個建築呈明代風格。寺裡存有明、清的八塊石碑。崖上有「大千世界」等石刻。

鞍山另有聞名遐邇的「玉佛院」，其主體建築高三三米、寬六六米，縱深八米。紅牆碧瓦，氣勢恢宏。創造了園林和古今建築史上一大奇觀。殿內有二百六十多噸的「玉石王」雕

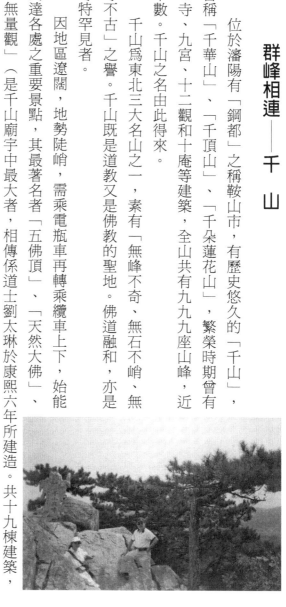

刻的玉佛。堪稱世界玉佛之最。善男信女前來拈香頂禮膜拜者，絡繹於途，蔚爲盛況。

鬼斧神工——天子山（張家界）

位於湖南省西北部大庸市，原名「青岩市」。四週有 2,000 多座山峰，登上一五七米的「天子山」，俯瞰整個風景區，幾乎處處奇岩異石。削壁危峰，盡收眼底，頓有「會當臨絕頂，一覽眾山小」之慨。

張家界屬世界級的自然風景區，經開發爲旅遊勝地，來自各方的遊客，便絡繹不絕於途，每年除積雪封山短暫關閉外，其餘時的每一景點的人潮擁塞情況，都是川流不息，紅火異常。我們曾兩度蒞遊，一次是金秋時節，隨旅遊團，概略性地匆匆「到此一遊」，印象雖美好，但欠深入透徹。逾四年後的隆冬臘月，應在地之土家族導遊小湯之邀；我自組之「背包二人組」，乃輾轉前往，一則體會土家族之風土人情，再則籍遊人稀少時節，再作一次「張家界走透透」的深入之旅。除登「天門山」（海拔 1,517 米）搭乘纜車外，其他之景點、下山行程，一概是安步當車，自由自在，沿途遠近景色，皆能飽覽，尤時際寒冬；山樹上的「霧淞」叮噹懸

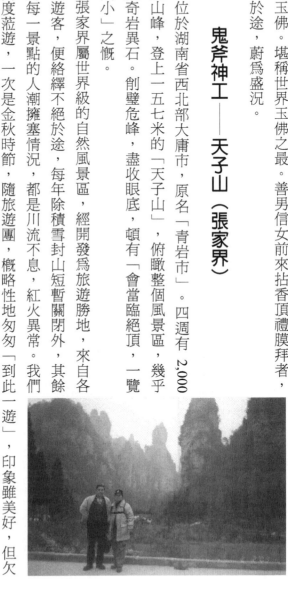

掛，煞是奇美，遠處峰頂覆蓋之積雪，更彷如臨綺幻世界，令人讚嘆，造物之奇妙。

「天門山」東臨筆架山，西臨七星山。十六峰環列左右，如一道天然屏障。橫延全境，主峰東西山壁中開，南北洞測，玄朗如門，故名「天山門」。

「水繞四門」由數條山溪切割出東、西、南、北四道山門，故稱稱之。位於「金鞭溪」、「龍尾溪」、「礦洞溪」匯入索溪處，西南北三向來水，經此點匯據後東向流去，形成「水繞四門」。頗有「人行山峽裡，宛如圖畫中」。相傳漢朝張良在此隱居，後葬於此。

「金鞭溪」沿溪而行，穿行峽谷之中。觀前壁峰巒疊峰，看紅岩綠水與碧溪，百鳥爭鳴其間。岩奇、山幽、水秀、群林如海，谷壑幽深，氣勢磅礴。山林幽境。

「黃石寨」俗說「不到黃石寨，枉到張家界」可知其景之奇美。觀「天書寶匣」、「南天門」、「六奇閣」，賞石峰群座，自然風光盡覽眼前。

「天子山」闢「賀龍公園」，並塑高聳巨大的賀龍銅像乙尊，供遊人瞻仰。按賀龍早年乃活躍於張家界山區之土匪首領，魁偉英武，後因緣際會參加流竄各地之早期「八路軍」，打家劫舍與國軍敵對，因戰功而擢升，至建政後貴爲「元帥」，其戎裝威武，氣勢逼人，據聞初時之塑像。兩手各持大刀，一派「土匪頭」形象，後經反映不佳，而改手按腰際之「盒子砲」，略有現代「革命軍」之氣派。在視野遼闊之西海觀「點將台」、「御筆峰」，神秘莫測。

「袁家界」號稱「張家界後花園」；此處豁然山谷。林木豐盛，風光豔麗，數十座小巧石峰，點綴於叢林之中，百鳥爭鳴，流水淙淙，幽雅如世外桃源。「天下第一橋」是兩座山峰被一條長廊連接，成天然橋洞，蔚爲奇觀。如再深入，尚有一座山勢、岩石奇特，景緻與「張、袁」兩界類似的「楊家界」，亦可一遊，如險峻之「天波府」，因天寒曾於此民宿圍爐，體驗山中一夜之感受。次日沿山路遊「十里畫廊」，兩旁群峰羅列，如入畫境。難忘此遊。

洞天福地——衡　山

五嶽之一的南嶽——衡山，屬湖南省衡陽市，相傳衡山始於唐虞，是古代帝王巡狩、祭祀之地。衡山又稱「岣嶁山」，現列自然保護區。

在道教中稱此山是「洞天福地」亦即神仙居住，遊憩之地。因而山上甚多有關道教的觀殿和文物景點。唐朝於此建南嶽廟，是湖南最大的古建築，古往今來之文人雅士，達官貴人如李白、杜甫等均曾慕名而來，因而詩歌、石刻甚多，幾成中華民族文化藝術的寶庫。

衡山之山勢雄偉，綿延數百公里，有七十二峰，以「祝融」、「天柱」、「芙蓉」、「紫蓋」、「石禀」五座最爲有名。

衡山山脈於湖南中偏東南，南起衡陽白露坳，北止長沙城西，長達八十餘公里。南嶽七十二峰之說，回雁爲首，嶽麓爲足，由燕山期花崗岩構成斷塊山體，經長期侵融，成準平原，最高之祝融峰，海拔 1,300 公尺，可登峰遠眺。

衡山之主要景點有「南嶽大廟」、「黃庭觀」、「九仙觀」、「祝融殿」、「水簾洞」，「忠烈祠」。

衡山可四季遊：春觀花潮、夏看煙雲、秋望日出、冬賞雪景，尤以霧松最爲奇美。

衡山有四絕：「祝融峰之高」、「水簾洞之奇」、「萬廣寺之深」、「藏經殿之秀」。

在登衡山之半途，尚有許多可觀之景點，如國民政府於抗戰中期，在此召開全國性之軍事會議，會場設施及蔣夫人之臨時別墅、泳池，仍保存完好，甚具紀念意義。

三教薈萃——嵩　山

「自古山川秀，嵩山天下奧」。嵩山位於河南省登封縣境北邊，嵩山峰頂可北望黃河，風光絢麗。

嵩山亦稱「熊耳山」。是中國五大名山「五嶽」之「中嶽」，海拔 1,440 公尺。是佛、道、儒三教薈萃之處。擁有國家級文物保護單位十六處、省級十六處，地市級 1,127 處，被譽爲「文物之都」，「少林寺」、「中岳廟」、「嵩陽書院」、「嵩岳寺塔」、「法王寺」、「元代觀星台」、「周公測量台」、「漢三闕」、「永泰寺」等著名景點，均坐落於此。「嵩山世界地質公園」擁有「五代同堂」的地質奇觀，被學界譽爲「天然地質博物館」，嵩山有自然風光優美，太室雄偉，少室奇秀，「峻極峰」、「盧崖瀑布」、「三皇寨」等景點，泉澤飛瀑，奇峰林立，景色醉人。

「武以寺名，寺因武顯」的少林寺，即建於此，久已聞名遐邇，致來自各方的遊客不絕於途，除大門牌樓、達摩塑像及殿宇、道場外，另有「塔林」乙座，有數以百計的佛塔，供信徒膜拜。少林寺現已成爲聞名全國的「武藝基地」，設武藝學校，招訓「練家子」青少年數百人，於教室、廣場，操練武術、砌磋武藝，其列隊之陣容，幾與軍隊無異，且充滿陽剛朝氣，頗令人振奮。

「嵩陽書院」是中國四大書院之一，博學宏儒蒞此講學傳道，影響深遠！院中有兩株高聳巨大的側柏，已逾 4,500 年之樹齡（名爲大、二將軍）及唐高宗所立的碑石，亦逾千年，至可觀賞！

玉潔冰清——四姑娘山

「四姑娘山」位於四川省阿壩州小金縣，與汶川縣交界處的日隆鎮，海拔 3,160 米，由橫斷山脈中四座毗連的山峰所組成，根據當地的藏民傳說，是因四位玉潔冰清的姑娘化生，因而得名。四座山峰中以四峰爲最高（6,250 米），又因此峰位列四川地區海拔 7,556 米的「蜀山之王」——貢嘎山之後，因此被喻爲「蜀山之后」，大峰 5,355 米，二峰 5,454 米，三峰 5,664 米。

「四姑娘山」以雄峻挺拔聞名，山體陡峭，直指藍天，終年冰雪覆蓋，銀光照人，山麓森林茂密，綠草如茵，溪流清澈，潺潺不絕，宛如一派秀美的南歐風光，因此被稱「東方的阿爾卑斯山」，致成爲中外旅遊和登山運動愛好者所仰慕。景區由一坪「歌莊坪」，兩山「巴郎山」、「四姑娘山」，三溝「雙橋溝」、「長坪溝」、「海子溝」組成。景色絕美，令人神往！

及至景區先乘專車至騎馬處，因道路顛簸，旅行社僅安排一段行程。如欲深入，則需自費，每段另加五十元，因道路泥濘、崎嶇難行，經與馬伕商量送到半程的「枯樹灘」即可，

下半程再沿棧道返回原點，如此折騰，亦耗三小時，沿途風景有茂密的山林，尤其紅豆杉格外美豔，因步移景異，舉目遠眺四週山景，皚皚白雪所覆蓋者，彷如新娘之頭紗，尤「四姑娘」之側面，輪廓秀美，幾如真人，我等雖不能登臨親炙，僅遠眺目觸，就陶然欲醉，神往不已了！

漢藏分界——日月山

在前往青海湖的中途，有一座並不高聳但極爲有名和重要的山丘，凡經過者都要登臨一拜。因爲那是在唐朝時有「公主和番」的策略，文成公主當時便肩負了此一重大使命——「下嫁藏王松贊干布」，一以敦睦番邦，止息紛爭，一以傳播漢唐文化，擴大影響。

賢淑聰慧的文成公主，在唐皇難以割捨的權宜下，以及朝野民眾衷心的祝福中，遠從皇城長安，在護衛的陪侍，隨載若干漢唐文物，一步步踏上了漫長的征途，日復一日，月復一月，如此披星戴月，餐風露宿，竟已逾年，在入藏遙長的半途中，有一座分界的山丘，便登臨四望；前面是一座座林木茂密的山巒，遙不

可及，再回首張望，則是蒼茫如茵的大草原，在雲煙中已渺不可見，故國、親人也都呼喊不應了，文成公主此時的心境；自是萬般無奈與悲涼，不由潸然淚下，後人為紀錄這段歷史的旅程，而在此山丘上建築一座八角亭閣，其內以馬賽克磁磚燒繪「公主入藏」的經過，頗為生動。另在側邊塑了一座巨大的「文成公主」塑像，相貌端莊，仰之欽敬不已！

在山腳有一條清澈小溪，水流卻向反方向流淌，相傳此乃文成公主回望故國，淒泣淚下而匯成的「倒淌河」，此說或牽強附會，但益增其傳奇性。

後人將此山命為「日月山」，其高度僅海拔 3,196 米，但所經道路，都在高原地帶，空氣稀薄，間有高山反應，不宜久留。

雪峰明珠——天山（池）

新疆維吾爾自治區，烏魯木齊市西北的天山、天池風景區，最負盛名。天池在天山北坡，海拔 1,900 公尺，面積僅 2.8 平方公里，平均水深四十公尺，它像鑲嵌在冰峰峽谷裡的一面鏡子，或說是一棵明珠，古稱「瑤池」，係高山融雪匯集而成，景色秀麗，需乘纜車上下山。

「天池」湖水清澈，湖畔林木茂密，空氣清新，可乘遊船漫

遊，偶見水生動物悠遊湖中，益增生氣。

「天池」是少數的高山湖泊，自有其神秘性，因而有許多類似神話的故事，口耳相傳，不徑而走；甚或堅信不疑，其神秘與荒繆，固難評斷，倒是他的傳奇性與美麗感，是人們所津津樂道：相傳在遠古洪荒時期，混沌初明，上天的王母娘娘，俯視人間大地，俱是混濁一片，難以安身，及至「天山」境地，覺其頗有「仙氣」，不同凡響，乃下凡歇腳，並渡化黎眾，因身乏而於「天池」沐浴，其池旁之小池則爲其泡腳池，自此「天池」寵受聖眷，而長年不涸，水色清澈，不僅覆育「天山」生靈，更兼佑黎民眾生，以迄至今。

「天山」是灌木叢生的低山草原丘陵帶，週邊有五個原始森林區，及神秘大峽谷，谷長15,000公尺，由紅褐色岩石風蝕而成。峽谷曲徑通幽，峰巒直插雲天，山形千姿百態，集雄、險、幽、靜爲一體，氣象萬千，鬼斧神工，是西域攬勝的奇觀。

有聲沙漠——鳴沙山

「地球第一響，木壘鳴沙山」。「鳴沙山」景區，位於新疆省北部木壘縣約一三〇公里，北鄰胡陽林景三十公里，由西南至

東北綿延數十公里，如金龍盤旋，蔚爲壯觀。木壘鳴沙山共有五座紅色龍狀沙山，其中最大的一座長約五百—六百米，相對高度五十—七十米，是西南—東北走向，沙山下爲一片平坦的礫石間歇性河床。從沙山上的不同位置下滑，便會有不同的響聲。而且滑痕稍現即逝，馬上平復，令人稱奇不已。據考證，世界上如此神奇的沙漠景觀，僅此一處，木壘鳴沙山爲最。哈薩克語稱「鳴沙山」爲「阿依艾庫木」，意思是「有聲音的沙漠」。

就在「鳴沙山」的腳下，有一處終年不涸的「月牙泉」，其形成更爲奇特，形如月牙，泉水清碧，泉週約十數丈，週邊有參差的草木，於一側建一座古色古香的樓閣，一如江南之園林。「月牙泉」所處沙山，年約降水量爲五十毫米，年蒸發量是降水量的四十八倍，鳴沙山爲流沙沙丘，除東北面均被高大沙山環繞，風從東北面吹入，將沙山底部流沙向峰頂捲起，此即「沙不掩泉」的原因。而地下潛流經過此地，形成眾多泉眼不斷，補給蒸發的池水，才有「綿古至今」的「月牙泉」。

至「鳴沙山」景區，需騎乘「沙漠之舟」——駱駝，在鈴聲叮咚中，放眼四望，藍天、白雲、黃沙，渺無人煙，駝隊踽踽前行，好一派「沙漠風情」，不遊遺憾！

玉柱擎天——玉龍雪山

有「東方瑞士」之稱的「玉龍雪山」，位於雲南省麗江縣，城北十五公里處，計有十三峰，由南向北排列，面積約三十五公里，寬十二公里，主峰是扇子陡，海拔 5,596 米，終年積雪，主峰爲「狄龍首」，峰峰相連，彷如蠕動之龍脊，半山雲霧飄緲，遠望如騰空之飛龍，山因而得名。

玉龍雪山雄奇壯麗，氣勢磅礴，晨昏變化，四季更替變幻，姿態萬千。明朝旅遊家徐霞客觀之傾倒，稱「玉壁金川」、「玉柱擎天」、「都北無雙岳，滇南第一峰」。因其森林資源豐富，亦稱「天然地質博物館」。

主峰「扇子陡」，直插藍天，乍隱乍現，時而碧天如水，萬里無雲，群峰像玉液刷洗，晶螢銀光，耀目晃眼，有時像一條玉帶束腰，上雪峰皎潔，下崗巒碧翠，東方欲曉，峰頂早染晨曦，白雲緋紅，霞光掩映閃爍，向晚餘暉，如披紅紗。其主要景點：「雲杉坪」東麓一平方公里之草甸，雪山屏立一側，芳草萋萋，河水幽深，清泉長流，成澤成瀑，動靜有別。「甘海子」東麓，有開闊草甸，天然牧場，春夏百花齊放，花苑巨大，可乘纜車直達，欣賞萬年古雪，及塔林奇觀。

大陸名導演張藝謀對古城麗江之山光水色，極爲推崇，乃有「印象麗江」之製作，益增中外遊人前來親炙之興趣，因而美名遠播，唯迄今中外登山好手，專家、竟無一能順利登峰，玉龍雪山之海拔僅 5,596 米，卻難以征服，誠爲難以理解之「千古奇謎」。

峰峰相連——十萬大山

中華大地，幅員廣闊，兼容山、海、江、河、湖、泊，以及各種地形與地貌，大致說來東北遼闊，西北寬廣，西南峰巒疊嶂，群山綿延，而東南則多河海，中原地帶平原與江河兼而有之。

有一首歌，讚頌中華大地：「青海的草原，一眼看不完，喜瑪拉雅山，峰峰相連到天邊……」形容其壯美、遼闊。僅「十萬大山」一處，竟綿延萬里，含括黔、滇、桂三省；一在雲南羅平元陽縣境內，一在廣西寧明縣中越邊境，另一則在貴州遵義縣城南，亦即我親歷親遊之地。

「十萬大山」在遵義城南，峰林南北走向，神奇而秀美，綿延十五公里，密集奇特，氣勢宏大壯闊，是喀斯特地形，可謂群山如海，總面積達十萬畝，山峰林立，遠近高低，錯落有致，氣勢磅礴，

秀麗壯美。因其深不可測，益增其神秘性，自古即為兵戎、盜匪盤踞之地，中國對日抗戰期間，國軍亦於此屯集蕩寇武力、嗣機反擊，發揮極大戰力，而有助於抗戰之勝利。

置身於群山環抱之境，極目所視，或遠或近，盡皆山峰，或高聳不可仰視，或低如圓丘，車行其間，婉轉曲折，固峰峰相連，綿延不絕，然亦有曲徑通幽，柳暗花明的驚喜，身臨「無山不綠，無峰不秀，無石不奇，無水不飛泉」之境，當可滌蕩塵俗之念，仿如羽化而登仙境一般，誠是難得的機緣！

蒼翠連綿——香　山

「香山」位於北京市西北二十餘公里，地勢險峻，蒼翠連綿，占地一八〇公頃，為歷史悠久的山林公園，金、元、明、清歷代帝王皆曾於此營造離宮別苑。每逢夏秋時節，皇帝都要到此狩獵、納涼。「香山寺」曾為京西寺廟之冠。清乾隆帝賜名「靜宜園」。京西著名的「三山五園」中，香山公園就占其中的一山（香山）一園（靜宜園）惜咸豐十年（一八六〇）和光緒二十六年（一九〇〇）先後兩次被英法聯軍，八國聯軍焚毀，至中共建政，一九五六年開闢為「人民公園」。

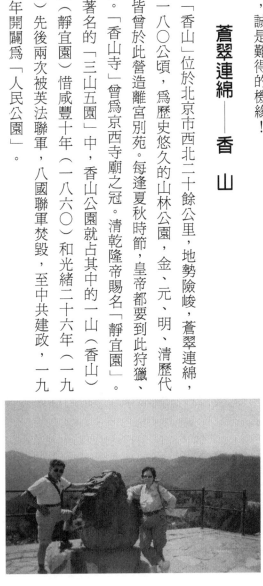

香山公園文物古跡眾多，亭、台、樓、閣似星辰散佈山林之間。這裡有燕京八景之一的「西山晴雪」；有明、清建築風格的寺院「碧雲寺」；有國內僅存的木質貼金「五百羅漢」；有六世班禪的行宮「宮鏡大昭之廟」；有江南特色的古雅庭院「見心齋」等等。

「碧雲寺」始建於元朝至順二年（一三三一），原稱「碧雲庵」，明正德、天啓年間（一二七一—一三六八）和清乾隆年間（一七三六—一七九五），先後整修和擴建，始成現在之規模。全寺占地約四萬平方米，縱貫東西軸線上的主題建築，共分四進院落。各組殿宇，憑依山勢，層層升起，宏偉壯麗。「碧雲寺」一九五七年被北京市列爲首批「重點文物保護單位」，二〇〇一年被列爲「國家級文物保護單位」。

香山公園樹木繁多，森林覆蓋率高達九十八%，僅古樹名木就有 5,800 多株，占京城四分之一，負氣離子是京城最高地區之一，具有獨特的「山川、名泉、古樹、紅葉」豐富的園林內涵，是避暑的勝地、天然的氣吧。香山紅葉馳名中外，一九八六年被評爲「新北京十六景」之一，成爲京城最濃的秋色。

香山公園之最高峰「香爐峰」，海拔五五七米，除東、中、北三線步道可達，另有索道東起北門，西至頂峰「鬼見愁」，全長 1,400 多米，高差四三一米，單程運行十八分鐘可達。乘坐遊覽索道，可鳥瞰公園風光，俯望京城美景。如循步道徐徐緩行，沿途可飽覽重要景點，如「勤政殿」、「香山寺」、「聽雪軒」、「來秋亭」、「知松園」、「玉華岫」、「閬鳳亭」、「多景亭」、「栖月崖」、「森玉笏」、「朝陽洞」、「香霧窟」、「晴雪碑」、「芙蓉館」、「隔雲鐘」、「見心齋」、「紫煙亭」、「羅漢堂」、「金剛寶座塔」及最高峰「香爐峰」等數十處，星羅棋布，散落山林之間，皆可前往參訪。

山中之「中山堂」，乃　國父孫中山於民國十四年三月十二日，病逝協和醫院後之停靈處，深具歷史意義。另在東門不遠處，有「雙清別墅」乙座，曾是中共首領毛澤東下塌處，民卅八年五月間，曾在此設臨時作戰指揮所，遙指中共各地軍隊「渡長江」、「殺蔣軍」，「以鄉村包圍城市」、「建立人民革命勢力」，在關鍵時間，在關鍵地點，作了關鍵的決定和功業，自是有其歷史意義。

香山之旅，是生態、自然、歷史、古跡的綜合行程，自然有益身心健康與見聞廣拓，是京城行旅所必需安排的遊程。

市民樂園——景山

「景山」坐落於北京城中央，位於城市南北中軸線的中心點上。這裡山勢巍峨、古柏蒼天，被稱爲皇宮的屏障，都市中的山林。

在遠古時期，「景山」（亦稱「煤山」）原是永定河故道中的一座島嶼，週邊是原野和池塘。這裡山清水秀，魚舟穿梭，爲古幽州之風水寶地。遼代幽州被定爲南京。遼太宗在北海建「瑤嶼行宮」，將開挖的北海泥土，堆疊於景山與瓊華島之上，故有「遼始築土山」之記載。金代女貞人以景山爲中心，確定「太寧宮」建築的南北中軸線，背依景山建造了「太寧宮」，並在山上建「瑤光樓」，山下飼養麋鹿，並劃爲宮廷御用園林，稱「北苑」。元忽必烈以「太寧宮」爲基礎，以「景山」爲依托，在山的前面建設皇宮，將「景山圓林」劃爲皇城的重要組成部份，將「景山圓林」稱爲「后苑」，山稱「青山」，並在山上植樹、建亭，另將山後八公頃土地開闢爲「皇帝親耕」場所。明代稱景山圓林爲「百果園」，山稱「萬歲山」。山後修築「奉光殿」、「觀德殿」、「觀花殿」等建築群。一六九四年崇禎皇帝在景山自縊。（現留存上吊之矮樹，供人憑悼）清順治八年，改「萬歲山」爲「景山」，乾隆皇帝依山就勢在山上重築五亭，（周賞亭、觀妙亭、萬壽亭、輯芳亭、富覽亭）在山後翻修「壽皇殿」建築群，使景山圓林更加秀麗，建築更加金碧輝煌。

一九二八年，景山開闢爲公園。這座近千年歷史，令世人矚目的皇城御園，正式對外開放。中共建政後，將景山列爲全國重點文物保護單位，益增其重要。

景山現分闢之景區，概爲「萬壽亭登高觀景區」、「後山疊石景區」、「萬壽殿景區」、「永思殿景區」、「觀德殿景區」、「蘇州巷景區」及「元朝忽必烈親耕田景區」另於兩側分闢「銀杏林」、「柿子林」、「牡丹品種園」，可謂週詳完備，使景山園林更加輝煌。

景山現既對外開放，與庶民分享各殿宇、亭臺、樓閣之精妙建築、豐富文物及美麗景觀，致凡「上京」者，莫不前來賞遊，絡繹不絕於途，其盛況較其他景點更爲熱絡，尤其大眾化更吸引遊客，門票僅一元（北京市民憑身份證可免費不限次數入園）故每日人潮浩蕩，老少咸集，而入園者可依興緻作各種自主之活動，或入堂殿參觀精美文物、書畫，或登亭臺遠眺北海、紫禁城、或至繁茂盛開的花圃，觀賞艷麗的牡丹、玫瑰及其他品種的花卉，更可以組隊參加歌詠、舞蹈活動，到處洋溢著青春朝氣與活力，並感染、帶動週遭的歡樂氣氛，身臨其境，不由而隨之歌、隨之舞，確爲健康又快樂的行旅。

爲享受景山所給予的氣氛，我們曾多次造訪，而每次的感受和收穫都是豐富而滿足的，理當感念主事者「與民同樂」的襟懷，姑譽之爲「德政」亦無不可。

揚子一島——金山

由於京戲「白蛇傳」的流傳，「金山寺」不僅廣爲人知，且增添其傳奇性與神秘色彩。

位於江蘇省鎮江市西部的「金山寺」，面積二九〇畝，海拔43.9米，原爲揚子江中之一島嶼，後因大江曲流，至光緒末年（一九〇三）與陸地連成一片。由於其歷史久、神話故事多，古讚爲「江南名勝之最」，現與西面「百花洲」合併，面積擴大，水域亦廣，風景絕佳，其景點有「金山寺」、「古法灣洞」、「天下第一泉」、「芙蓉樓」、「御碼頭」等。

「金山寺」建於東晉時期，現有（一六〇〇）年歷史，其原名「澤心寺」，亦稱「龍遊寺」，康熙題爲「江天禪寺」，是佛教誦經設齋、禮佛拜神、和追荐亡靈的水陸法會的發源之地。

自鎮江市區可乘「公交」車到達「金山寺」，頗爲便利。因而前往參拜者，不限善男信女，五湖四海的遊客亦絡繹於途，香火頗盛自不在話下。到達「金山寺」進入山門有「天王殿」供笑口常開的彌勒佛，兩側分供四大天王，「大殿」供釋迦牟尼佛及兩旁之藥師佛、阿彌陀佛三尊巨大佛像，西壁有十八羅漢、神態逼真，令人敬畏，左右同樓另供五十六天尊之塑像，亦栩栩生動。「大殿」兩側之廂房分爲「方丈室」及「接待室」。後側「夕照閣」保存七塊清乾隆的御碑，至爲珍貴。「觀音閣」珍藏「周鼎」、「銅鼓」、「玉帶」、「金山圖」四寶。南面有「妙高台」、「慈壽塔」、「法灣洞」因椽接洞連、碧映丹輝。金山頂峰建「留雲亭」並有康熙親題「天下第一覽」石碑，此亭亦稱「觀天一覽亭」。旁有紀念宋將岳飛的「七峰亭」，之北「金鰲山」有「仙人洞」，則爲道教之遺跡。

金山寺原有雙塔，已廢。現存之塔，係光緒二十六年重建，木結構七級，「慈壽塔」至

「法灣洞」是開山祖師裴頭陀——法海和尚苦修處，「法海洞」北有「玉帶橋」及「白龍洞」，即神話故事主角白娘娘與小青之石像，（惟不見許仙），另「朝陽洞」上之「日照巖」因朝陽四射，水天盡赤，爲觀景最佳處。

在金山西五百米處，有聞名遐邇的冷泉，唐朝文士陸羽評爲「天下第一泉」。週邊之亭、臺、亦具雅趣，可謂相得益彰，不可不遊。

砥柱中流——焦　山

位於江蘇省鎮江市東北角，在長江中有一高七米，週長 2,000 餘米的島山——焦山，孤懸江中，宛然碧玉浮江，四面環水，萬川東注，一島中立，古樸幽雅，因東晉名儒焦光曾於此潛修，後始有「焦山」之名。

山中遍佈碑林、石刻，始於北宋，歷八年始成，可謂集歷代摩崖石刻、碑林於一體，藏量與內涵豐富。有「書法之山」、「江南第一碑林」之美譽，其中被譽爲「大字之祖」的摩崖石刻「瘞鶴銘」，距今有 1,500 餘年的歷史，是東晉王羲之所書，名震海內外。

焦山上的「定慧寺」是江南名古剎，古名「普濟寺」，始建於東漢興平年間，宋代嘉定年重建，並易名「焦山寺」，此外尚有多處建築景點：「自然庵」、「五峰庵」、「香林庵」、「華嚴閣」、「觀瀾閣」、「汲江樓」、「浮玉齋」等點綴江山，增添絢麗色彩！

宋朝文士蘇東坡的方外之交，佛印了元禪師，曾禪修於此，清康熙御賜「定慧寺」匾額，並加修建，乾隆也曾數度駐蹕焦山，留下不少軼聞逸事，今聞人趙樸初親題「無盡藏」，頗耐人尋味！

焦山因寺廟樓閣均藏於山林深處，因此有「焦山山裡寺」之說，後人更列「焦山十六景」如次：

「華嚴月色」、「定慧潮音」、「山門松影」、「庵院槐陰」、「海雲墨寶」、「石屋藏銘」、「西岸遠景」、「東麓新林」、「江亭禮佛」、「巖澗尋仙」、「自然問道」、「安隱棲禪」、「危樓觀月」、「枯木品香」、「香林花圃」、「別峰裏園」。

焦山雖屹立大江之中，現已架橋與陸地通連，自市區乘「公文」車可達。遊人絡繹不絕，可作一日遊，兼得人文歷史、自然風光之雙重陶冶，獲益匪淺！

滿眼風光——北固山

江蘇省鎮江市有多處景點，均具歷史意義，有所謂「三山」——「金山」、「焦山」、

「北固山」，容分別介紹。

詩人辛棄疾於登北固山後，題詩「何處望神州?滿眼風光北固樓」。可見北固山風光何等壯麗、宜人！尤其相傳三國時代的「甘露寺」就建於山頂，許多古跡與綺麗故事，更引人好奇與憑弔，京戲劇目中之經典老戲——「龍鳳呈祥」中「劉備招親」，即發生在此。劉備見北固山雄峙江濱，江天開闊，氣勢雄偉，乃讚嘆「此乃天下第一江山也」，六朝梁武帝亦題「天下第一江山」石刻。

北固山主要景點有「甘露寺」、「多景樓」、「天下第一江山」石刻，「鐵塔」、「祭江亭」、「溜馬澗」、「試劍石」及「太史慈墓」等，歷代詩人墨客蘇軾、米芾、陸游等都在此留下千古傳誦的名篇。

「北固樓」系古代「萬里長江三大名樓」之一，與洞庭湖畔的「岳陽樓」、武漢市的「黃鶴樓」齊名。古亦稱「相婿樓」、「梳妝樓」，自然與三國時代劉備東吳招親神奇傳說有關。（內有臘像，益增故事綺麗與真實性）。

北固山宛如一條昂首、翹尾、拱背的巨龍，雄踞在鎮江城北揚子江濱。（鎮江市東吳路，公車可達）。可作半日遊，一以觀看江景，一以重溫歷史故事，何樂不爲？

草滅鳥匿——火焰山

位於少雨乾旱的新疆吐魯番盆地中北部，有一座古稱「赤石山」，維吾爾語稱「克孜勒塔格」（意爲紅山），山體紅色砂岩構成，夏季乾熱。東西長約一百公里，南北寬約九公里，地表達七十六攝氏度，可烤熟雞蛋。海拔831.7米，夏季溫度高達47.8度，自然不適人、畜活動。

火燄山橫亙吐魯番山北部，爲天山支脈，在一億萬年間，因地殼橫向運動時，留下無數條褶皺帶，大自然的風蝕雨剝，而形成火燄山起伏的山勢，和縱橫的溝壑，在烈日照耀下，赤褐砂岩的閃光，熾熱氣流滾滾上升，雲煙繚繞，猶如大火，致寸草不生，飛鳥匿蹤，熱氣流翻滾上升，像烈焰熊熊的火舌撩天，故名之爲「火燄山」。

二〇〇九年元月六日，鄰近火燄山的鄯善縣某山區，挖掘了五具面目清楚，髮辮、服飾（清裝武士）末腐的乾屍，轟動一時，

或可證明彼時（百年前之清朝）氣候並不像現今之酷熱，人曾在此地區活動過，唯其他「物證」俱無。

火燄山景區內，有「西遊記」裡的人物塑像，如孫悟空、牛魔王、鐵扇公主等頗爲生動，益增傳奇與趣味性，可博君一粲！

在黑龍江地區自一七一九—一七八一年，曾先後六次火山爆發，火山口與熔岩奇妙地形成大小不一的「堰塞湖」，即今之「五大連池」，頗爲壯觀。在爆發口之最高點（老黑山）現有石碑一座，亦名「火燄山」，因機會難得，我曾攝影留念，供作他日談助！

神祕峽谷——紅　山

有人說：「不到新疆不知中國有多大？」但是到了新疆，你又知道新疆有多大嗎？容我確切地說：新疆的面積足足有五十六個台灣大。如此當可換算概知矣！

繼「絲路之旅」後，於二〇〇六年五月中聯袂再作「南北疆之旅」，由於地域寬，旅遊日程自然會超逾半月，沿途所經歷之景色，固多震撼與驚艷，茲將「特殊」一景——紅山作簡略之介

紹：

在烏魯木齊西南之庫車縣北部，七十公里處有一神祕大峽谷，峽谷長 15,000 公尺，由紅褐色岩石風蝕而成。峽谷內曲徑通幽，另有洞天、峰巒直插雲天，山形同體，千姿百態，維妙維肖的動物形象。集雄、險、幽、靜爲一體，氣象萬千，景色獨特，億萬年來大自然的鬼斧神工，而成爲西域攬勝的奇觀。一九九九年發現一個高地面三十米的洞窟，內竟有華麗壁畫，面積有十六平方米，以寶石藍爲主色調，經考證應是盛唐時期之作品，具「漢文化」之特徵。彌足珍貴！紅山是神秘峽谷的重要一部，能蒞一遊，亦屬難得！

途經「鐵門關」，有武警守衛把關，雖門小路窄，但據說是通往「西域」必經之路，漢代張騫，唐朝僧人取經，皆由此鐵門而出，開始其艱難的「西域之旅」，我亦在關卡的路上，踽踽走了一段，以步武先賢，聊以解嘲！

烏魯木齊市中心，有一座「紅山公園」，並塑了一尊巨大的清臣林則徐銅像，供遊人與市民瞻仰，藉以彰顯其主政時富國利民的功勳、偉業！

巍峨森林——阿里山

阿里山在台灣省嘉義縣境，離嘉義市東方七十二公里，爲東南亞最高峰玉山山脈的支脈，由十八座大山組成，總面積爲 39,650 公頃，有近百年歷史的阿里山森林鐵路，是世界上僅有三條高山鐵路之一，軌距762mm，坡度6.25%，由海拔三十公尺的嘉義市，升高到2,216公尺的阿里山，途經熱、暖、溫三帶，景緻迴異，搭乘全台僅有的高山森林小火車，如置身綠野仙境，尤其獨立山的三次螺旋環繞，及一分道的「Z」字形爬升，絕對令您不虛此行。

阿里山的由來；相傳二百五十年前，有一位曹族酋長「阿巴里」，勇敢善獵，曾翻山越嶺來此打獵，均滿載而歸。此後常帶族人前來，每次都有豐盛成果，族人爲了敬仰他，便以其名「阿里山」作爲紀念。

阿里山之所以成爲旅遊、觀光的熱門景點，實在其衆多他處沒有的特色景觀；「祝山觀日」、「夕陽雲海」、「三千神木」、「姊妹雙潭」、「野櫻遍開」、「蒸汽火車」、「塔山遠眺」等等均是。

旅台逾甲子，遨遊聞名遐邇的「阿里山」，卻僅三數次而已，但每次遊歷都極盡興，曾兩度於夜半步行登臨「祝山」，靜待金色曙光，漸漸從遠處破雲而出，綻放耀眼的光芒，一輪火球般的太陽，冉冉上昇，光芒四射，頓時天空、山巔，廣袤大地，都明亮而溫暖了起來，令人欣喜雀躍，這是久居城市的人們，感受不到的美景，也是遊人爭相一睹的奇幻景觀。

佛國雪域——西藏紀行

「青藏鐵路」規劃長達五十年，因地處高原，多凍土，興工至爲艱難，歷經十載，終在二〇〇六年七月一日竣工通車，這是劃時代的偉大工程，因而宣騰世界，爲各方矚目，故爭相探訪，尤其所搭乘的密閉供氧的火車，可謂一票難求，由於沿途風光絕美，所經之高原達 5,200 公尺，不適人們活動，故其挑戰性極強，對嚮往已久的我們，卻有「迎戰」的意願與興趣，於是搶搭了「首行」的「青藏鐵路」的旅程。

入藏的公路有五條：「川藏」、「青藏」、「滇藏」、「新藏」、「尼藏」。而鐵路則僅「青藏」一條（亦可自北京轉車至青海西寧再往拉薩）：「青藏鐵路」自西寧至拉薩全長 1,956 公里，因沿途缺氧，車廂設置「中央空調」及「個人氧氣面罩」，並有隨車之醫護人員應急。

「青藏鐵路」由格爾木至拉薩，全長 1,142 公里，穿越海拔 4,400 公尺以上的地段有九六〇公里，其中翻越唐古拉山最高點海拔 5,072 公尺，是目前世界海拔最高的鐵路，沿線常年平均氣

溫在攝氏零度以下，空氣含氧量僅爲平原地區一半。

「青藏鐵路」創過八項世界紀錄：一、世界最長高原鐵路，總里程 1,142 公里。二、世界海拔最高的高原鐵路 5,072 公尺。三、世界最高海拔的火車站——唐古拉山 4,905 公尺。四、世界最高的凍土隧道——風火山隧道。五、世界最長的凍土隧道——昆侖山隧道，1,686 公尺。六、世界最長的鐵路大橋——清水河特大橋，1,686 公尺。七、世界穿越凍土里程最長的高原鐵路——五五〇公里。八、世界高原凍土鐵路的最高時速，100-120 公里。

「入藏」的途徑，頗爲曲折：台北——香港——深圳（飛翼船）——西安——青海（西寧）——格爾木——拉薩。在西寧曾參觀藏傳佛教六大寺之一的「塔爾寺」。係黃教教壇，以「堆繡」、「木雕」、「酥油花」三絕馳名，衆多身披紫袍的老、中、青、少不等的喇嘛，在莊嚴的寺殿間穿梭，辯經、磕長頭，行狀虔誠，令人動容。

途經海拔 3,860 公尺的日月山，相傳是唐朝文成公主入藏前，回望故國之處，山下有倒淌河及一望無際的黃色油菜花田，煞似地毯，令人震撼！再經「茶卡」（鹽湖）轉青海第二大城——格爾木，採購「入藏」的藥物（防高原反應的紅景天及水菓等），次晨七時半，搭上自西寧開出的首班火車，對於這班密閉供氧的入藏專車，充滿了好奇，依規劃沿途須經崑崙山——崑崙泉——沱沱河——唐古拉山——那曲——當雄——羊八井——拉薩，全程 1,142 公里，沿線之氣溫在 0°—12°之間，空氣稀薄，有些微高山反應，尚可適應，仍可欣賞車窗外的高原風光，草原上的稀世珍獸，有藏羚羊、牦牛、野馬等奔馳，極為生動，高山雪嶺的美景，籃天白雲幾乎伸手可觸，一望無際的大草原，青綠如茵，牛羊徜徉其間，好一派悠閒的風光。

車於晚 22:30 準時抵達拉薩，火車站新建落成，規模宏偉，因夜深燈火不明，未及一睹全貌，車行於拉薩市區，覺人稀路寬，是一安靜的世界，有別於他處之雜沓喧囂。

滿懷景仰與興奮之情，抵達金碧輝煌，雄偉壯麗的布達拉宮，這座高達十數層樓的建築，是至高無上的政教合一的象徵，早在七世紀由藏王松讚干布，兼併鄰近部落，統一西藏後，即遷都於此，而成吐蕃王朝，後曾遭火災，十七世紀再行修覆，為歷代達賴喇嘛駐錫之處，由於歷史價值和宗教意義的特殊，致吸引世界各地的信眾、遊人前來頂禮、膜拜、參觀。在近千間廳、殿中，瞻拜每座佛堂，由於穌油煙濃，燈光昏暗，頗不習慣。

大昭寺在拉薩市區中心，其鎮寺之寶為供奉唐朝文成公主遠自長安，歷三年運來的釋迦牟尼十二歲等身塑像（據傳是經佛陀親自開光加持），為世界僅存的一座，已歷 2,600 年歷史，故其重要性，非同凡響，故佛教信徒，一生之最大願望，希望前來瞻拜，一如基督的耶路撒冷，回教的麥加。大昭寺四週有「八角街」，每間小攤均販賣藏民文物及藝品，喧鬧的街道上，竟有三步一拜、五步一跪、磕長頭的藏民，狀極虔敬，行人均予禮讓，此亦特殊一景。

日喀則位於南藏，是第二大都市、人口約九萬，海拔 3,836 公尺，市有「札什倫布寺」，班禪大師曾駐錫，寺內有四座達賴、及班禪十世之靈殿，藏民、教徒紛紛跋涉前來膜拜，可見其信仰之虔篤。自拉薩驅車南行、經海拔4,990公尺之「當拉巴山」，俯視「羊卓庸湖」，遠眺群山，頗有「一覽眾山小」之慨，而一登最高峰，更有「登臨群山我爲峰」的氣勢。

「札什倫布寺」建於一四四七年，爲歷代班禪駐錫之地，另有世界最大的強巴佛像，及可容僧眾3,800人措欽大殿，均依山而建，莊嚴而輝煌，令人肅然起敬。

藏南的日照更晚，下午九時天始漸暗，空氣依然稀薄，呼吸欠暢，行走宜緩慢，亦不宜大聲嘶吼，更不可飲酒，這是初入藏者的禁忌。日喀則的早晨，一如拉薩般清新，日光和煦，行人稀少，而色彩強烈鮮艷的建築，呈現藏人民風的特色。同行的另一組遊伴，分途至珠母郎瑪峰的腳下營區，近距離觀看8,660米（世界屋脊）珠峰樣貌，這般「雖不能至，心嚮往往」精神，可嘉！

藏北的聖湖「那木措湖」距拉薩三百公里，車行四小時，翻越海拔5,190公尺的「那根拉山口」。「那木措湖」是西藏面積最大的高原鹹水湖，海拔4,718公尺，湖水湛藍，亦是西藏三大神湖之一，也是藏傳佛教的著名聖地，相傳是密宗本尊勝樂金剛的道場，信徒尊其爲四大威猛湖之一，湖中有五個島嶼及五個半島，從不同方位凸入水域，湖濱平原牧草豐美，是天然牧場。

在拉薩近郊有座「寶貝花園」，是達賴的「夏宮」，面積三百六十平方米，分東西兩部，東面是「羅布林卡」，西面是金色林卡，由三座宮殿組成，園林有蒼松翠柏，花團錦簇，行宮珍藏珍貴文物，及寓意深長、人物生動，具歷史意義的壁畫，經解說有助對藏教之歷史演變，及恢宏之教義的瞭解，十四世達賴（現流亡印度）之生活起居及潛心修佛的場景，保存良好，觀之覺其與一般民眾並不遙遠！

在布達拉宮對面有一小丘，即充滿神祕色彩與傳奇的「藥王山」，其神話的真實性，且不詳究，虔誠瞻拜即可。旋轉至依山而建的「色拉寺」參觀，首見眾多小喇嘛在庭院進行「辯經」教學，氣氛熱絡而有趣。寺內廣闊，有學院、養老院及閉關室。經導遊安排拜謁一位八十四高齡的高僧江白旺大師，據說他是擁有藏佛最高學位格西者，六位之一，學養深厚，而行止樸實，在狹小的禪房內，親持白水招待，並親誦長壽經爲我等祈福，與之合影，並略盡供養後辭出。高僧大德，竟如此平易和靄，令人由衷崇敬！

西藏，這塊充滿奇特和神秘的地區，既是「佛國」，又是「雪域」，不論其所信奉的宗教，所生活的習俗，所生存的環境，在在都有別於中華大地上其他族群；地形奇特，地貌多樣，人民剛毅，信仰虔篤，精神超脫……

先後十日，不遠萬里，舟車勞頓，作了艱辛的探訪，經歷是新鮮而奇特，感受則是「此行不虛」！

江河的謳歌

由於「有了海洋，世界才不會完全變成沙漠。」

同理，因爲有了江河，人類才能獲得生命的孕育與滋養，以及生存、發展的動能。有了江河、海洋，人類的歷史，才能綿延不絕地延續下來。

因此，每一處人類聚集的地方——部落、鄉鎮、城市、國家，都依傍著有「水」的地區生活，以延續生生不息的生命，而使之繁榮、昌盛，並且漸漸形成各地區特色的文化和現代的文明，並以之爲「母親河」。如：

英國的「萊茵河」、法國的「賽納河」、德國的「多瑙河」、美國的「密士蘇比河」、埃及的「尼羅河」、印度的「恆河」，以及我中華民族的「母親河」，當屬淵源流長、奔騰浩蕩，廻腸百結，且能包容百川的「黃河」。

「黃河」中國的母親河

上海「黃浦江」外灘令人眩目的夜景

鄭州「黃河風景區」黃、炎二帝頭像

長江三峽看似平靜，但現已有
翻天覆地的改變

「殷墟」宮殿宗廟遺址

浩蕩的「長江三峽」

上海「城隍廟」必遊之地

三潭印月，既美又奇妙

京杭通渠「大運河」

「西湖」美景，如詩如畫

「瘦西湖」的中心 —— 五亭橋

「太湖」黿頭渚鳥瞰全景

煙花「揚州」，廿四橋明月夜

別有洞天的紹興「東湖」

「東湖」裡的烏蓬船

嘉興「南湖」景色迷人

兼具諸湖之美的「南北湖」

「千島湖」遠眺

東方威尼斯——水鄉「同里」

人傑地靈的水鄉「烏鎮」

滄海桑田的「千島湖」

依水成街的水鄉「周莊」

神州水鄉第一鎮「角直」

水鄉風情，如詩如畫

小舟盪漾，益增水鄉生動情韻

文化內涵豐富的水鄉「南潯」

依河建街、傍水築居的「西塘」

山水、亭橋、樹影、水鄉風情俱全

蘆花放、稻谷香，岸柳成行的「沙家浜」

「沙家浜」抗敵劇情，已成樣板

環山臨城的「玄武湖」

荷泉之鄉「大明湖」

令人泫然欲泣的「松花江」

中韓臍帶「鴨綠江」

貢嘎明珠「伍須海」

「九寨溝」的樹正瀑布

「九寨」歸來不看水

高原寶鏡「青海湖」

迷人的「漓江」山水

白練天降「黃果樹瀑布」

人間淨土「喀納斯湖」

滾滾煙塵一壺收「壺口瀑布」

寧為漓江人，不願作神仙

足跨中越兩國「德天瀑布」

「漓江」風光如畫

集壯、純、秀、恰、美
於一身的「萬綠湖」

被譽為「北方西湖」的「鏡泊湖」

「寶峰湖」上，情歌對唱，氣氛浪漫

人間瑤池「寶峰湖」

煙雨籠翠的「沱江」虹橋

「邊城」作者沈從文的故居

浩蕩的江河

千年萬里——黃　河

被稱「中華文明的母親河」的黃河，在公元前華夏族，即在黃河流域中原地區形成、繁衍。

黃河發源於青海巴顏喀拉山脈，經青海、四川、甘肅、內蒙古、陝西、山西、河南、山東九省，後於山東東營市懇利縣，注入渤海，全長 5,464 公里，是中國的第二長河，僅次於長江。

黃河概分三段：自源頭至內蒙古，托克括河口鎮爲上游，長 3,472 千米，再流至河南省鄭州市，桃花峪爲中游，長 1,206 千米，再至山東入海爲下游，7,860 千米，因流經黃土高原，支流帶入大量泥沙，而成世界含沙量最高的河流，河水混濁，呈黃土色。

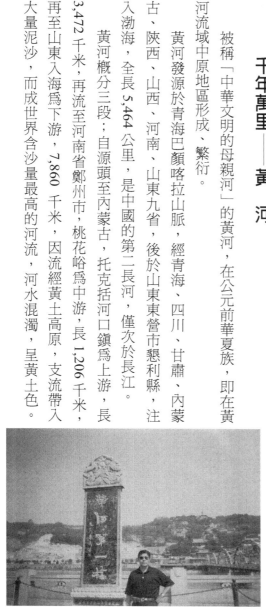

千古以來中華之文人、雅士，對黃河之謳歌不絕於書，如唐朝大詩人李白即有「君不見黃河之水天上來，奔流到海不復回」（將進酒）「黃河落盡走東海，萬里寫入襟懷間。」（贈裴十四）王之渙「黃河遠上白雲間，一片孤城萬仞山」（涼州詞）王維「大漠孤煙直，長河落日圓」（使至嵩上）等等皆屬。

黃河固養育了經流兩岸的億萬生靈，而蘊育優美的中華文化，但兩千多年來竟決溢 1,590 次之多，而造成難以計數的生命、財產的摧殘與損毀，據統計因氾濫而大遷徙竟達二十六次之多，致有「三年兩決口，百年一改造」之說。

在黃河上游有一聞名遐邇的景區——壺口瀑布，僅次於貴州黃菓樹瀑布，而成全國第二大瀑布，位於山西晉城西四十九公里，黃河水流至晉陝邊界中段河口鎮（海拔九百公尺）後向海拔三百公尺禹門口傾瀉，高差六百公尺，咆哮如雷，勢如奔洪，直至吉縣與峽西宜川龍玉廟匯流而下。

二〇〇五年六月曾有「蒙晉之旅」，旅程中最具震撼性的景點，即是「壺口瀑布」，先前曾有台灣特技明星柯受良（小黑），駕汽車飛越黃河的表演而轟動世界，我等親臨現地，自有特殊感受，因投宿於河邊之觀瀑舫，幾乎鎮日即在壯闊的瀑布附近流連，看氣勢汹湧，聲威磅礴的黃河，自身邊腳下奔騰不息，實在感受到大自然無可抗拒的威力，是多麼神奇！

在多次旅遊的行程中，除了「千年黃河萬里流，煙塵一壺收」的壺口瀑布景點外，亦曾兩度與黃河有親密的接觸，一次是甘肅蘭州之行；曾多次在橫跨黃河的「黃河大鐵橋」上往返行走，俯視橋下滔滔河水中有小舟、羊皮筏等渡具在急流中划渡，是難得的一景。另一次則是專訪鄭州的「黃河風景名勝區」，地處偏遠，規劃頗具氣勢，在高聳的山頂，雕了黃、炎二帝的頭像，下有當代名家范曾撰書的巨幅「黃河賦」，遙對黃河，另在五龍峰下雕一座母親撫育嬰兒的石像，表情溫馨、慈祥，像徵黃河乃大地之母，撫育億萬中華生靈，而有中華文化，故稱「黃河爲中國的母親河」，誠屬至當。

黃河是蘊育中華文化不可或缺的源頭，滔滔河水，奔騰不息，壯闊氣勢，淵源流長，古今謳讚詩文，車載斗量，而我獨對抗戰時期的音樂家冼星海的「黃河大合唱」詞曲，感動不已，每每泫然欲泣，每次聆賞慷慨激昂的樂音，彷彿身臨對日抗戰，全民不屈不撓的陣勢之中，而熱血沸騰，而激動不已！這也是「黃河文化」的效應！沛然莫之能禦。壯哉，黃河！

金色腰帶——黃浦江

中國的崛起，已是舉世公認的不爭事實。若論及發展的歷史，有以下一說：探究中國的發展，卅年看「深圳、東莞」，一百年

看「上海」，一千年看「北京」，三千年看「西安」，五千年看「安陽」。茲僅就上海百年來的繁榮發展歷史，作扼要敘述；自清朝積弱以後，列強紛紛竊佔中國重要城市，上海竟被列強劃分爲若干「租界」（享治外法權），因其位於要衝地帶，故仍爲各國爭相瓜分的「肥肉」，因而爭戰不息，民眾亦遭生靈塗炭之扼運，及至中共建政，城市建設，經濟發展始有穩定的進展，而成今日的「東方明珠」，上海之爲舉世矚目，爭相貢獻才智，掠取資源的焦點，自與其地理位置不可分；上海是大陸海岸線中部，長江入海口南岸，有「京滬」、「滬杭」兩鐵路，及「黃浦江」、「吳淞江」、「長江」交會點，是中國最大的港口城市和重要的經濟、商貿、金融中心。

黃浦江是上海的「母親河」，河分「浦東」、「浦西」，分別爲舉世知名的外灘及陸家嘴金融中心。黃浦江全長一一三千米，河寬三百—七百米，終年不凍，是重要水道。

有形容黃浦江是中國大地上的「金腰帶」，亦有形容爲「上海人的笑臉」「長達十五公里的美麗傷痕」而這未能癒合的歷史弧度，既協調又壯大，令人自豪。

浦西的建設因當年的「租界」因素，而呈國際化的多樣化，尤以外灘的洋樓多爲巴洛克建築，既壯觀又雄偉，至今仍爲「吸睛」的焦點。浦東原雖非不毛之地，但其繁榮景況，其落差豈可以道理計？然在「加速重點發展」的方針要求下，如今已成世界級的繁榮都會，陸家嘴地區，一幢幢拔地連雲的地標大廈，如春筍般矗立於黃浦江的東岸；「東方明珠」、「八十五層經貿大樓」、及帝國主義時代留下整排英式建築，更把上海推上世界大都市的前端。

貫通黃埔江東、西兩岸的有數座雄偉、跨長的大橋：「松浦」、「南浦」、「楊浦」三座，另在江面有便捷的「渡輪」，航程僅約十分鐘可達，尤佇立船艄，觀賞兩岸風景，格外壯觀，近年更在兩岸間的河底，開鑿「燧道」，大小車輛，均可呼嘯而過，既便捷及舒適，因此黃浦江的東西兩岸，雖遭水隔，但實際已是無「阻隔」與「距離」了。我們於二〇一〇年秋專程蒞滬，參觀百年難得一見的「世界博覽會」，曾多次採取「地鐵」、「燧道」、「輪渡」不同的交通工具，往返於江之東西兩岸，參觀不同的展館，稱便不已。黃浦江是上海接納太湖流出的河水，亦是太湖向上海泄水的主要通道，源源不絕，是中國最大的港口，港區分佈在黃浦江兩岸，延伸約六十公里，碼頭岸線長十餘公里，共有二百個以上的碼頭泊位空間，萬噸級泊位有六十三個，有二十條以上客運航線，開往沿海，長江、香港各港口，另有二十條以上遠洋運輸輪線通往一百六十個國家。因黃浦江泥沙含量高達五％，淤積嚴重，以致江內暗沙處處，影響航運至鉅，必須經常挖掘泥沙，方可保持萬噸輪船通航。

淵遠浩瀚——長　江

被譽爲「中國第一」、「亞洲第一」、及「世界第二」的大江，自是浩蕩流長的長江，古稱「大江」，又稱「揚子江」。因其長達 6,380 公里，並有 4,500 萬年的歷史。其發源於青海唐沽拉山、丹東雪山、及姜根迪冰川之中，是世界最長且完全一國境內的河流，其長度超過地球的半徑，其年徑流量約 **10,000** 億立方米，佔全國徑流量三分之一。自青海到湖北宜昌爲「上流」，到江西湖口爲「中流」，再到上海入海口爲「下流」。

長江經青海、西藏、雲南、四川、湖北、湖南、江西、安徽、江蘇等九省，全流域週邊多山地，地勢險峻，風景奇特。

與長江混爲一體的「景區」，當屬「三峽」，乃有「長江三峽」之連稱，順江而下首經「瞿塘峽」，全長僅八公里，自夔門入口，兩岸之山崖，如刀劈斧砍，十分壯觀，有「夔門天下險」之稱。「巫峽」全長四十五公里，沿途之風景有「巫山十二峰」，以「女神峰」最具魅力。「西陵峽」長達六十六公里，所經之處殊多奇景，如「兵書寶劍峽」、「牛肝馬肺峽」、「黃牛峽」、「燈影峽」但憑觀者想像，或維妙維俏，或捕風捉影，皆供遊者想像空間與話題。

古人品題三峽風景之特色爲：「瞿塘雄」、「巫峽秀」、「西陵奇」。堪稱簡明扼要，描點其特色，至爲允當。古今文人雅士於暢遊三峽後，每多流傳千古的詩文，如唐朝大詩人李白之「早發白帝城」之名句「朝辭白帝彩雲間，千里江山一日還，兩岸猿聲啼不住，輕舟已渡萬重山」。已成千古絕唱。

長江三峽沿途尚有許多重要「景區」，如「石寶寨」、「張飛廟」、「白帝城」、「酆都鬼城」、「屈原祠」、「昭君故里」、「神農溪」、「葛洲壩」等等，皆可一遊。

千古三峽，淵遠流長，其偉大功能則在「防洪」與「灌溉」，因而養活億萬生民，直至一九九四年十二月十四日，將久懸未決的「三峽改造」浩大工程，有了翻天覆地的變化，僅建葛洲壩調節工程，及三峽兩岸淹沒地區的一四〇萬戶移民遷居，是空前的，浩大的也是艱鉅的工作，終在主政者傾全國之力的氣魄下，經歷十二年時程，於二〇〇六年八月二十日將主體工程順利完成，沿途甚多具有歷史意義的名勝，如張飛廟、白帝城等因淹水而被迫遷移他處。至於綿延世代的居民的遷移，更是浩大艱鉅，幸宣導、安置得宜，皆能如期完成。

我是在三峽改建前一年，偕眷作「三日二夜」的遊歷，（上水－重慶至武漢）食宿在一艘設備齊全的遊輪上，飽覽三峽沿途綺麗、險峻、奇特之風景，誠是難忘的經驗與享受，而順道遊覽河水清澈，風景綺旎的「小三峽」，則是另外的「收穫」，如先民的「崖葬」（懸棺），更是匪宜所思，大開眼界。期諸來日，能有重遊改建後的「長江三峽」的旅遊，自是一翻新的面貌與體悟！

京杭通渠——大運河

自北京南行，有一條通達浙江杭州的水道，橫跨海河、黃河、淮河、長江、錢塘江五大水系的渠道，即是「京杭大運河」，長達1,794公里，是世界最長的運河，其始鑿概於西元前五－七世紀，另相傳是隋朝皇帝隋煬帝所建造，工程之浩大，僅次於秦始皇的萬里長城，似信而可徵。

我的故鄉是運河線上的一個小縣——江蘇高郵，是揚州段的必經之地，我的老家「臨澤」距縣城尚有百里之遙，惟較近的鄰鎮「界首」則僅四十里，亦在運河線上，幼時逃難曾分於兩地落腳，致對運河印象是深刻而鮮活的，不僅每天可在河堤上，俯視運河中南來北往的大小船隻的樣貌，並曾數度搭乘「汽輪」航行於水色混黃、河面數丈的運河之中，隨大人「上」揚州採購、遊玩，看見在河中航行的有汽輪、帆船、划槳、撐篙的小船，更有頗類陸上火車的「拖船」——一艘有動力馬達的大船後面拖掛十來艘中小型的貨船，徐徐航行，像一條巨大的蜈蚣，更似陸上的火車，或因運河寬而長，才便於拖船的航行，另時看到有自江南坎伐的樹木，除去枝葉後置於河中，任其順流而下，直至目的地再攔截上岸，如此不必任何裝載

輸具，也省了人力，惟中途是否遭到「盜截」則不得而知，運河中的兩大「奇景」是其他水域所罕見者。

京杭運河固是巨大的水利工程，富國利民自不待言，僅就其中小段的景象，與幼時記憶，作簡單描述，供作旅遊之片段紀錄。

靡麗繁華——西　湖

位於浙江省杭州市區西部的一潭湖水，因而得名爲「西湖」。西湖最早開始於唐朝，在唐以前西湖有以下名稱：「武林水」、「明聖湖」、「金牛湖」、「龍川」、「錢源」、「錢塘湖」、「上湖」等，到了宋朝，蘇東坡守杭時，詠詩讚美西湖：「水光瀲灩晴方好，山色空蒙雨亦奇，欲把西湖比西子，淡妝濃抹總相宜」。於是西湖又多了一個「西子湖」的雅號。對於一切講究大規模的中國而言，少有西湖這種纖細之美的風景。

世界少有都市之中，有山有水如杭州西湖者，所謂「都市山水」絕無僅有，得天獨厚，僅將「西湖十景」分述於後：

「蘇堤春曉」——縱橫西湖南北，爲宋代文學家蘇東坡任杭

州知州時，疏濬西湖取泥築成。堤旁遍種花木，意境清新，稱之「蘇堤春曉」，爲西湖十景之冠。在堤南端建「蘇東坡紀念館」。如初春破曉時分，走上蘇堤，曙光微亮，蘇堤長約兩三公里，千萬朵灼灼桃花，搖動的殷紅，柳絲飛揚，耀眼的新綠，千頃粼粼湖水波光，令人沉醉不已。

「花港觀魚」——位於西湖西南面，東與蘇堤相接，西倚西山，主要由「魚樂園」、「牡丹園」及「花港」三部份組成，是觀魚賞花的勝地。

「曲院風荷」——原爲「麴院」是南宋皇室官家釀酒的處所，夏季的風裡飄浮酒香。四週滿圍荷田，溽熱夏日，酒麴發酵蒸騰，滲雜荷葉荷花濃郁香氣，花香、酒香、隨風飄散，遊人莫不醺然欲醉。「麴院」被後人誤讀爲「曲院」以爲是在九曲橋上看風荷。由於位置曲折幽靜，現已被闢爲「印象西湖」演出的場所，大導演張藝謀將幾段美麗哀艷的民間故事，配以高科技的聲光，竟在水面如凌波仙子般翩翩起舞，如詩、如霧、如夢次第展演故事情節，臨場觀賞，莫不驚嘆，構想奇妙，嘆爲觀止。

「三潭印月」——又稱「小瀛洲」是外西湖中最大島嶼，爲江南園林中的精粹。蘇東坡濬西湖，修堤道，怕湖水漫漶，淹沒良田，並將淤堆集成島，並在島上立了三個鐔塔，高三公尺，用來計水位的高度。三個石鐔，每鐔五個圓孔。夜裡鐔心點燈，一鐔會有五個圓形的光。三個鐔、十五個圓孔的光，倒映水中，遠遠望去，一共三十個圓圓的月亮，到了月圓晚上，加上天上的月亮、湖中的月亮，西湖就有了三十二個月亮，可謂罕見奇景。「三鐔」後被訛傳爲「三潭」，聽來頗有佛理哲思。

「雷峰夕照」——位於西湖之南的千年古塔，因年久失修，前次來遊，並未臨近觀賞，僅在遠處或湖中眺望，只知有此一景，此度時間充裕且具彈性，乃購票登塔，幾年前已自原址重建此規模較雄偉的「雷峰塔」，供遊人觀賞憑弔，原塌圮的舊塔磚石，全部包容新塔之中，新塔之建材多採現代較美觀且耐震者，出土之文物分陳展示櫃中，最爲珍貴的佛祖之髮髻舍利，亦予展示。且可分乘升降及手扶電梯，直達塔頂，俯覽西湖全景，故遊人絡繹於途。相傳雷峰塔是神化故事「白蛇」（白素貞）被法海和尚收壓之處，故事淒艷，仍待查考。

「斷橋殘雪」——西湖之北有「白堤」（與蘇堤並稱，長度相若），原名爲「白沙堤」，白堤之名由來，一說是紀念唐朝大詩人白居易，另一說則是民間故事「白蛇傳」男女主角許仙與白娘娘相會之處，由於橋呈拱頂狀，冬雪幅蓋白堤路面，惟橋頂之雪早溶，而露出土色橋面，遠處看來，仿似橋斷而不連貫，如此益增故事之淒美！

「平湖秋月」——西湖之美，除了週邊景點及傳奇故事外，而最足稱道的則是其水湛碧無波，悠遊其中，如臨超凡脫俗之仙境，尤其每年秋季之月色，份外明澈，倘遇萬里無雲時分，無論身置畫舫或一葉小舟之中，波水不興，微風輕拂，一輪明月懸空高掛，是何等逍遙！何等美好！

「柳浪聞鶯」——美不勝收的西湖，是多方面的總匯，而湖之週邊堤岸遍植柳綠桃紅的樹木，應是「點睛之作」，一棵桃花一棵柳，當春風吹綠了大地，湖邊的桃艷柳媚，兼以清脆悅耳的鶯啼，可謂極「視聽之娛」矣！

「南屏晚鐘」——在西湖附近有香火鼎盛，遊人如織的「靈隱寺」及「香積寺」，俱為千年古剎，高僧住錫，代有名士，而來自世界各處之善男信女，更是絡繹於途，每日惕勵人心的鐘聲梵音，播散於天際，聞之莫不憬悟！

「雙峰插雲」——雖列「西湖十景」，惟並未引人入勝，介紹之資料亦付闕如，以我初淺臆測，所謂「雙峰」者，或許是指西湖北岸的「保俶塔」，（塔有七層），及錢塘江畔月輪山上的「六和塔」，高矗入雲，亦一景也。

西湖是都市山水，固美不勝收，有所謂「天堂一景，人間一夢」之美譽，而其週邊尚有紀念南宋抗金名將岳飛的「岳王廟」，禪宋十剎之一的「靈隱寺」，餘姚河姆渡出土文物的「浙江博物館」、「杭州植物園」、「動物園」，聚水甘洌、醇厚的「虎跑泉」、「西泠印社」、「蘇小小墓」等等，以及近年闢劃的「連雅堂紀念館」其所陳列展示之文物，多為台灣民俗實物，藉作與中國歷史之連結，其用心至深！

西湖之遊，先後三次，首為與兄長探親時，眾多家人同遊，氣氛熱絡，感覺既美好又新鮮，逾數年與同學揪團共遊，曾與妻繞湖逐景遊覽，自然佳妙，及至前年我偕妻作「背包二人組」自由行，再來西湖，風景無殊，但感覺則更清雅，勝過往昔，這就是西湖永恆的價值，也是最爲令人沉迷之處！

煙花揚州——瘦西湖

揚州位於江蘇省中部，長江北岸，京杭大運河經此，是一座2,400年歷史的古城，曾爲商業和政治中心，幾與「蘇杭」併稱。風景名勝亦不遜色，而最爲人稱道的「瘦西湖」之景緻，雖不若杭州西湖那般廣闊多姿，景點眾多，但因其「瘦」，而使古今文人雅士格外鍾情和推崇。

嚴格說來，所謂的「瘦西湖」，實際上是一條水清湛碧，兩岸遍植桃紅柳綠花木的小河，全長僅數公里，但岸上的特色景點如「釣魚台」（傳說清乾隆曾蒞此垂釣）、「湖濱長廊」、「四橋煙雨」、「小金山」、「徐園」、「平山堂」、「大明寺」等，都令人流連，而最特別的是湖中穿棱的畫舫和小舟，船孃著藍花素衣，輕搖擼槳，以柔和嗲音，或介紹兩岸風光和景點的大要，或吟唱悅耳動聽令人酥軟的「揚州小開口」，可謂「極視聽之娛」，而船在粼粼波光中徐緩輕盪，划行，越過「湖中湖」、「湖中島」

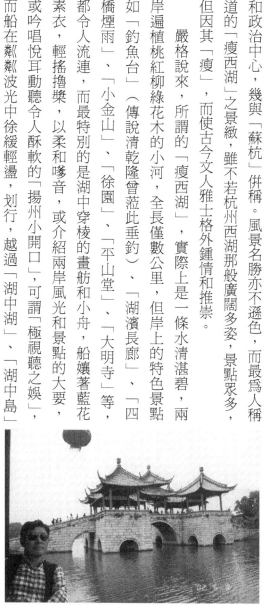

及多座三孔橋，而最具代表的景點，則非「五孔橋」、與「廿四橋」莫屬，古有「煙花三月下揚州」，「廿四橋明月夜」之詩句，我等在吟哦中，自會多所流連，此等世外勝景！

憶幼時曾隨鳴皋大哥陪母親來遊，如今雖逾甲子，但美好印象，仍然是鮮活如昨，此度與妻及翠英姪聯袂同遊，因爲美景所懾，曾繞湖三圈，盡情親炙，飽覽此一充滿靈秀之美的風光，可謂「貪婪而滿足」於願足矣！

天堂勝景——太湖

太湖，爲國家級重點風景名勝區。「黿（龍）頭渚」是江蘇省無錫鏡內，太湖西北岸的一個半島，因有巨石突入湖中，狀如浮黿昂首而得名。黿渚風光，山清水秀，勝景天然，爲太湖風景精粹所在，故有「太湖第一名勝」之稱。亦有「太湖佳絕處，畢竟在黿頭」之讚。

黿頭渚酷似巨龍深入萬頃太湖，背靠靈山大佛，得天地之靈氣，沐大佛之恩澤，此處山雖不高而層巒疊嶂，水不深而煙波浩淼，山上四時佳果不斷，水中常年湖鮮不絕，二千五百多年前，吳王闔閭就於此建暑宮，造太湖畫舫，創太湖船業，開度假旅遊

之先河。

太湖範圍遼闊，可通達杭州、蘇州、宜興等名城，湖中有輪船通航，至遊人絡繹於途，臨無錫段，可謂精華，沿線奇石磷峋，風景絕美。園區門票105元，可隨意搭乘區間巴士，及至仙島之渡輪。仙島至黿頭渚航程約二十分鐘，島上有七八處聊備一格之景點，及一座道教的「靈霄宮」，遊客甚眾，香火亦盛，稍作瀏覽再折返黿頭渚，繞湖而行，自不同角度，觀賞太湖之不同風光與特色，當有格外的感受與收穫，方不負此遊！

別有洞天——東　湖

杭州之西湖，聞名遐邇，中外旅客，爭相遊覽，盛況歷久不衰，不僅提升杭州之人文素質，且造成莫大的「觀光潮」，而其鄰近人文薈萃的紹興，除了古蹟、林園和名人故居引人入勝外，似乎不能缺少一座靈秀悠優的「湖」，以沉澈滌蕩遊人的身心。於是在紹興近郊之東，有了一座巧秀傍山的「東湖」。是否刻意與「西湖」一別苗頭，無從查考，當然其氣勢、景觀難與匹比，但其聊備一格的景點，亦有其獨特之處。

自紹興市區乘公交車僅半小時即達東湖，東湖傍山鄰河，呈

長條狀，頗類揚州之「瘦西湖」，且湖面窄而短，兩岸風光綺麗，傍山處別有洞天，令人稱奇，石橋、烏蓬船以及岸邊之古戲台，幾成水鄉不可或缺的景觀，自然百花競艷，垂柳搖蕩，觀之足以令人忘憂，塵俗俱消，雖半日遊，仍有未盡之興！

昔遊長江，經湖北武漢，彼處亦有一座規模廣闊、遍植荷花，景緻怡人的「東湖」，擬另述，茲不贅。

嘉興之肺——南湖

江南水鄉風情，久爲騷人墨客傳誦，皆以詩文、繪畫、攝影作品，傳之遐邇，令人嚮往。今茲已自職場解甲，在無所瞻顧的情境中，計劃了一趟「江南水鄉走透透」的自助之旅。

著名之江南水鄉計有六處，即江蘇境內有「周莊」、「同里」、「用直」；屬浙江轄管的有「西塘」、「南潯」、「烏鎮」。由於人文歷史不同，風情特色各異，當分別另爲介紹。

水鄉之旅，首途自台北經澳門、轉上海，再乘火車至浙江嘉興，因其爲水鄉之中心地位，進出便易，乃以之爲首站，以便於次第轉進。

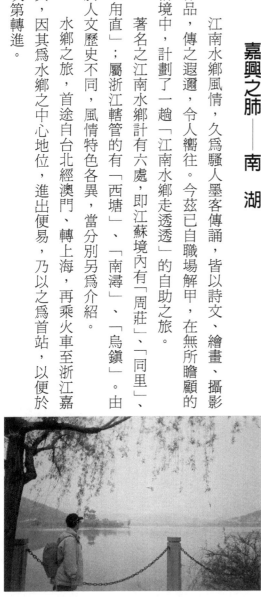

抵達嘉興後，有半日空檔，經詢有一處僅需十分鐘即達的景點——南湖，似可一遊，這是一處計劃外的景區，滿懷欣喜，權作「水鄉之旅」的「前菜」，似無不可。

南湖之面積，遠遜於杭州西湖，景觀當亦不可同日而語，惟仍有多處可觀之景點，如「煙雨樓」、「觀湖閣」之建築，亦古樸典雅，湖之週邊，遍植花木，生氣昂然；湖水湛藍，鳶飛魚躍，繞湖而行，並無乏意，熙來攘往的遊人，益證此乃怡人性情的寶地，其重要性喻之爲「嘉興之肺」，似亦允宜。

南湖以「湖中有島，島中有湖」的獨特景觀，和「輕煙拂渚，微風欲來」的煙雨風光，因而成爲江南著名的旅遊勝地。

渾然一體——南北湖

南北湖風景區，位於杭州灣北岸海鹽縣境內，是中國唯一融山、海、湖爲一體的風景區，是浙江十大「最佳休閑度假勝地，國家首批3-A級旅遊區」。

南北湖地處長三角的中心地帶，距上海一二〇公里，杭州八〇公里，蘇州一一〇公里，區位優越，交通便捷，景區面積三十平方公里，由「湖塘」、「山林」、「濱海」、「外圍古城」四大景區組成，區

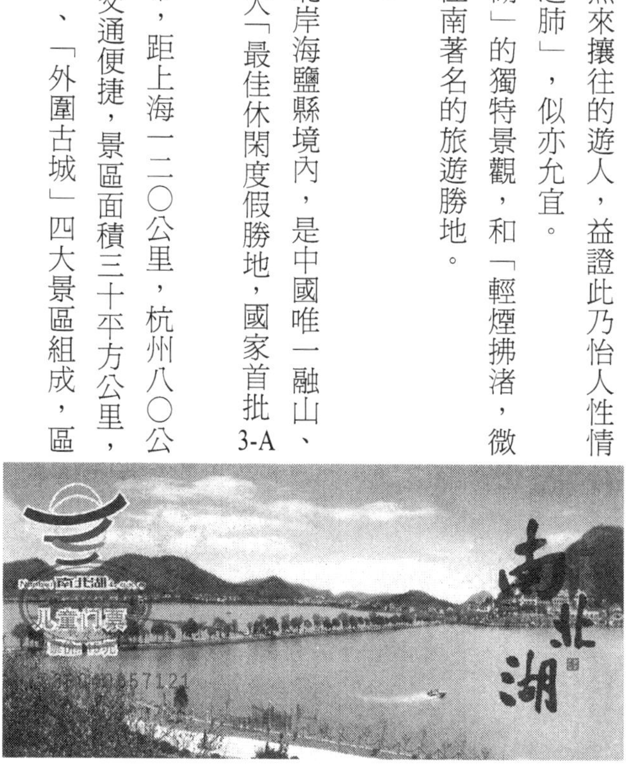

內有最小的石城——「談仙石城」；享有「夜普陀」之稱的千年古刹「雲岫庵」；舉世聞名的錢塘潮起源地「錢江潮源」；見證中韓友誼歷史的「金九避難處」等四十多處景觀。春日桃紅柳綠，百花爭艷、茶樹新綠；夏天萬木垂蔭，荷花競放，湖海浪游；秋季遍野金黃，丹桂飄香，橘壓頭；冬時鷹窠晴雲，蒼山皚皚，山、海、湖渾然一體。

湖分南北，乃於湖中堤而分，北湖有白鷺洲，南湖有蝴蝶島，湖濱遍植桃柳，艷可奪目，湖水清澈，可繞湖賞景，南湖中有「吳越王錢鏐廟」（公元八五二年於此稱王四十年）北湖有「西澗草堂」，名人區有「韓國獨立運動領袖金九遇難處」、「黃源藏書樓」、「陳從週紀念館」均建於山湖水濱、精緻典雅，是對各方有傑出成就與表現者之崇敬，於此可見，令人敬佩！

古典園林學家陳從周評價南北湖，堪稱允當：「山有層次，水有曲折，海有奇景，比瘦西湖逸秀，比西子湖玲瓏，能兼兩者之長。」

第一秀水——千島湖

位於浙江省淳安縣的千島湖，有「天下第一秀水」之美譽。

緣一九五七年老毛提出「超英趕美」的號召，加強各地的重大建設，乃決定將淳安縣新安江，擴建爲水壩，因之這座千年古城，數以萬計的住戶（僅諫村就有二一四戶、八八三人）必需強制遷居，移住他處，過程中造成難以計數的悲慘故事，但是在強大的公權力的脅迫下，溫馴善良的居民，乃不得不捨棄祖傳的裔袍之地和傢檔、遠走他鄉，以至數十年後的子孫欲前來溯祖尋根而不得。擴建水霸，有利建設，造福後世，但滅村遷徙所造成的人倫悲劇，也是歷史性的創傷和巨痛！

千島湖因湖中有1,078座大小島嶼，因而得名，但在造湖建壩之前，則是大小、高低不等的山丘，真所謂「滄海桑田」僅歷數年時光，俱已「人事全非」了，誠不知是該讚美？抑或浩嘆？

十數年前有十數名穿金戴銀、行止輕狂的「台胞」，因不知收斂，而遭當地不良份子之覬覦，截奪財物，並予殺害，因而震驚世界，千島湖乃爆得大名！數年前祖籍浙江淳安的名作家龍應台女士，爲紀錄大時代悲歡離合的故事，乃撰寫「醞釀十年，行走萬里」一部讓人震撼和心疼的大作「一九四九大江大海」，而使千島湖的歷史、故事和風景傳揚世界，造成極大的「湧動」！

原名「新安江水庫」，其面積較杭州西湖足足大十倍有餘，因湖中大小島嶼逾千，故易名爲「千島湖」，自杭州乘「快客」歷兩小時許可達，沿途已略窺湖光山色之秀美，或因正是春光明媚之季節，桃李競艷，使景區分外迷人，淳安縣千島湖區之街道雖僅雙線通車，稍嫌狹窄，惟街道兩側有茂盛的法國梧桐，高大挺拔，綠葉成蔭，益增浪漫氣息。人潮眾多的碼頭，遊客憑票（門票120元，船票45元）登船，在波光粼粼的湖面，航向遠方無以計數的島嶼，多數雖有樹木浮於湖面，因其面積不大，亦無人蹟，或稱之為「小嶼」，在航程約四小時的遊歷中，輪船僅在面積較大，且有山林樹木的「珍珠島」、「奇石島」、「蛇島」及一座較高大有觀景台和纜車的島停靠，遊客登岸，作短暫的「觀光」，而多數的時光，則在遼闊而平靜無波的湖面航行，在天水一色中，體悟自己雖置身於天地之中，但卻渺小如滄海一粟而已！

千島湖雖為熱門的觀光寶地，累積旅遊資財，自然造福地方，而其最主要的貢獻，則是豐沛的水資源對地方的農、林業和人類生活上的助益，如氣候調節，發電、灌溉等不一而足，也正是當初遷村、移民、建壩，造湖的目的和價值。初始雖多「負面」評價，但在宏大的富國利民方面，卻應予「正面」的肯定！

江南水鄉——周莊篇

古鎮周莊，位於上海、蘇州、杭州「金三角」之間。春秋時期謂「搖城」，隋唐時稱「貞豐裡」。北宋元祐年（一〇八〇年）改名周莊。這裡仍完好地保存著，西元十四世紀，「井」

字形河街的古代水鎮格局，民居古建築枕河相連，鱗次櫛比，九百多戶原住民，依舊生活在依水成街的古鎮社區，吳儂軟語、阿婆茶香，續說著財神沈萬三和聚寶盆的傳奇；櫓聲欸乃，昆曲悠遠，演繹著青春男女的邂逅。

「杏花春雨江南，小橋流水人家」，應是對周莊的描寫，可謂江南水鄉古鎮的經典之作，或讚其爲「國寶」亦至允當。

爲遊「中國第一水鄉——周莊」，乃自蘇州乘車輾轉抵達，沿途水鄉特色的景緻，已先瀏覽，俟購票進入景區，撲面而來的古鎮風情、景物，即有「驚震」之感，建築之古樸，居民之素淡，迴異於城市，在熙來攘往，摩肩接踵的人潮中，逐景參觀；走在石板的路上，穿越跨河的石橋，再進入古樸的民居，所接觸到的是穿著的古樸衣裳居民，聽到的是令人酥軟的吳儂語音，廳堂的陳設俱爲「三雕」——木、石、磚雕，且富文化意涵的詩文作品，無怪乎古今中外藝文人士，流連於此。全莊有十三個重要景點，造形不一的石橋數十座，每家門前門後都有清澈河流，河中有載客的烏蓬小船，船孃輕搖櫓槳，吟唱小調，歌聲穿透兩岸，沁人心脾，此情此景，絕不遜於意大利威尼斯的「貢都拉」。

「沈廳」是周莊豪富沈萬三之宅邸，七進五門樓，傢俱精緻，陳設氣派，且多名家之詩畫楹聯，益顯其文化素養之深厚，堪稱「江南民居之最」，另有「張廳」之「轎從前門進，船自家中過」，更令人嘆爲觀止，國民黨元老葉楚傖的故居亦在此，可謂人文薈萃。

沈萬三富甲一方，賓朋眾多，家宴連席，每宴必有「穌蹄」一味，因其滋美而廣受推崇，現周莊小街竟有數十家專賣「萬三豬蹄」的店舖，遊人飽啖並攜之而歸，亦是遊周莊之一景。

——同里篇

「同里」古樸秀雅的典型江南水鄉，以「小橋、流水、人家」的水鄉特色、人文景觀的悠久歷史而蜚聲海內外。有「東方威尼斯」、「明清建築群」、「天然攝影棚」之美譽。並先後被地方政府、國務院、聯合國教科文組織列入「世界文化遺產名錄」。

同里古鎮位於太湖之濱、大運河畔，距蘇州十八公里，距上海虹橋機場八〇公里，水陸交通便利，鎮內河道縱橫，橋多（五十五座連湖）。船多，鎮內水面占鎮區總面積五分之一；因水成園，因水成街，因水成市，由水路徜徉於老街深巷，可感受古人「船從窗前過，水從枕邊行」的愜意。

水鄉若無橋，如同書店無書。千年同里，五十五座橋連五湖，縱橫於街市，交聯於宅院。自宋至清，風格迴異各具寓意的橋，成了同里的象徵，爲行路者祈福。

同里開放的景點計有：

三橋——「吉利」、「太平」、「長慶」位於鎮之中心，因河道走勢而結構成爲相擁相抱的一個圓。寓意順利、吉祥和美滿。

退思園——主人爲晚清時，曾任安徽鳳穎六泗兵備道的任蘭生，園名取「進思盡忠，退思補過」之意。園之佈局雋巧適度，簡樸淡雅，正是「莫道園林小，佳景知多少」的寫照。

耕樂堂——主人是明代處士宋祥，退隱後之宅邸，現尙有三進四十一間，有樓、園、齋、閣、榭，清幽別致。

嘉蔭堂——是愛國詩人柳亞子之故居，庭院高大寬敞，肅穆莊重，宅內之木雕、石雕均爲上乘稀有之物。

陳去病故居——辛亥革命的風雲人物，陳去病曾隨國父中山先生參與護法。宅有房四十二間，大門臨河，建築古樸。

古風園——同里千年人文的細節，都珍藏於此，梁柱、額枋、軒頂、雀替，其蘊含的文化脈絡，深刻而悠遠。可謂「鐫盡千年秀，恍見舊日痕」。

穿心弄——「青石踏盡苔痕瑟，暮巷低吟訴心聲」是形容同里巷弄的韻味。

歷史文物陳列館——以「文人、文物、文史」爲主展內容，展現同里古鎮的歷史風貌。

珍珠塔——是著名錫刻「珍珠塔」發源地。故事唯美、浪漫，是情侶必遊之景點。

松石悟園——是同里鎮松屏石展館。陳列千餘塊松屏石板畫精品。有「千年不衰，生靈天堂」之讚。

——甪直篇

號稱「神州水鄉第一鎮」及「中國歷史文化名鎮」的「甪直」，自蘇州乘公車約四十分鐘可達，遠在預期之外的是其幅員小、景點少，河水髒、古則古矣，但可觀之處遠遜於其他之「江南水鄉」。其主要景點：

葉聖陶紀念館——卅年代文藝作家葉聖陶之故居，陳列其生平事蹟及展示其作品，因其非顯赫全國性的大作家，故印象不深。

蕭芳芳紀念館——六十年代享譽港、台的電影明星蕭芳芳，從童星到一線的大明星，從武俠到文藝都有傑出的表現，並兼有國、粵語雙聲帶，極受國人歡迎，館中展示其作品精華影像，其奮鬥成就，自然光耀了其出生之地。

萬盛米行——由於我之先祖於故鄉亦經營米行（輾米廠），故對展示之農具特感興趣，尤見傳統之輾米機具、用品，仿見故人般親切，盤桓良久，始辭出。

另有「王稻紀念館」因展示內容無甚特別，印象不深，即匆匆作別。

甪直亦有可行舟之小河，及跨河之石橋多座，船孃輕搖櫓槳，兩岸風情，盡收遊人眼簾，無論民衣、民居、民食皆屬「水鄉」特色，在河之兩岸閒逛，以深入領悟古鎮之神韻，並在兜售古董文物小舖，選購數件頗有古樸質地的銅器，作古鎮、水鄉之行的紀念。

——西塘篇

西塘，又名斜塘、平川，在江南水鄉六大名鎮中，以其生態和濃郁的生活氣息而著稱。屬浙江省嘉善縣，爲江、浙、滬金三角腹地，曾是古代吳越兩國相爭之地，故又有「吳根越角」之稱。古鎮雖歷經千年滄桑，但仍保存著完好的明、清建築群落，近年來以其得天獨厚的優勢，成爲華東地區旅遊熱點，街道依河而建，民居傍水而築，廊柵長長，古弄深深，小船悠悠，可謂典型的江南水鄉古鎮。

進西塘需購票始可進入景區，票根計有十一個景點卡格，每至一處，即剪一洞，沿動線參觀，其景點計有：

名人「倪天增故居」、「王楨之故居」（事蹟生平簡略不敘）、「雕根館」、「瓦當館」、「紐扣館」、「財神館」、「護糧官」等等，各館所陳列寶物，多在古色古香之建築堂廳展示，益能相得益彰，尤根雕展館，規模大、工藝精緻，俱皆匠心獨運，實屬罕見。

西塘計有跨河而建的石橋二十七座，造形獨特，橋下有遊船穿梭，及放魚鷹的小舟進行捕撈，兩岸遍植花木，桃紅柳綠，尤當垂柳輕拂水面，那份柔情，豈詩意所可形容？

午後閒坐岸邊涼棚，可欣賞搭建於對岸船橋的戲台，其表演的經典戲曲——紹興戲，舞台雖簡單，但表演卻極生動，可謂唱做俱佳，益增水鄉美好風情。

——烏鎮篇

烏鎮是浙江三大水鄉之一的景點，自嘉興乘公交車約一小時可達，景區多在東柵，東市河兩岸之景點，各具特色，跨河而建的石橋共有十一座，跨度寬窄不一，拱高與形式亦不同，皆可入

鏡，河中有烏蓬船載客悠遊，河水清澈，岸邊花木扶蔬，仿如畫境，令人流連。

烏鎮的景點不到十處，如「百床館」、「民俗館」、「染坊」、「木雕館」、「錢幣館」、「修真觀」、「匯源當舖」、「翰林第皮影戲」、「立志書院」以及卅年代名作家「茅盾」故居，卻是最熱絡的景點，遊客摩肩接踵，冀能一睹曾紅極一時的名人風采；茅盾本名沈雁冰，爲卅年代之名作家，著作甚豐，影響深遠，其後左傾，並擔任紅潮政權之文化部長，位至顯達，且其爲世家子弟，家境富裕，其故居極爲典雅，頗類蘇州之林園格局，所謂「人傑地靈」不可不觀。

烏鎮之「觀前街」，有一座凝聚民眾情感的「古戲台」，週而復始地表演，親炙人心的戲曲「借黃慷」，觀眾或站或坐，痴迷不已！

烏鎮之東市河，河道較窄，部份岸邊有「美人靠」之設，甚爲貼心，岸旁之住戶多閉門，亦有少數老嫗倚門晒日織衣，更增添水鄉之古樸風貌。

——南潯篇

南潯古鎮是浙江三大水鄉之一，距杭州約九十五分鐘車程，

古鎮市區繁榮，景區則甚遼闊，其石橋、垂柳、烏蓬船之水鄉特色，與前述之水鄉無異，惟其歷史較爲悠久，遠在南宋時已是「耕桑之富，甲於浙右」。輯里湖絲，聞名天下。

南潯歷來崇文重教，明代時有「九里三閣老，十里兩尙書」之諺。如「嘉業藏書樓」，翰林飄香；名宅大院（三—五進）古典園林，如「小蓮庄」、「張石銘舊宅」、「劉氏梯號」、「南潯史館」、「求恕里」、「張靜江故居」、「廣惠宮」以及收藏甚豐的「文園」等景點，都有豐富的人文展物，再再顯示南潯富足，人文薈萃，不論宅邸之宏偉，石、木、磚雕亦均極精緻，傢俱亦極考究，致能歷百年而不朽，廳堂樑柱之楹聯、詩文，多出名家之手，匆匆巡禮，如沐文化之洗禮。

南潯之小河，甚清澈，以腳搖櫓的烏蓬船，穿梭其間，益增水鄉之生動情韻。巡禮「百間樓」民居，恍若置身圖書之中，可謂美不勝收。

南潯，充滿著豐富的文化內涵和底蘊。

葦蕩風情——沙家浜

「沙家浜」位於江蘇常熟縣，緊鄰於秀麗明媚的陽澄湖，交

通尙稱便捷，以「蘆花放，稻谷香，岸柳成行」之獨特的江南水鄉田園風光，崛起於旅遊市場。

「沙家浜」風景區占地 2,500 餘畝，以浩蕩的蘆葦，寬闊的水域和茂密的綠化，構成江南水鄉，並以大自然綠色生態景區爲主調；以京劇「沙家浜」歷史人文積淀爲內容，巧妙合理設置景點，予景區以豐富的內容和生命的活力；以水、漁、米、耕、戲爲特色，設計若干精彩的表演和遊客參與的活動，如「尋覓沙家浜故事場景」、「追尋阿慶嫂（故事主人翁）郭建光之踪迹」等俱皆巧思。

自常熟轉乘中巴至景區附近，再乘小三輪才能到達景區，購票（30元）入景區，迎頭就是巨型照壁，及有關沙家浜地區，抗日軍民的塑像，栩栩如生，觀之震撼不已，在紀念史蹟館中所陳列的多爲一九三〇年代，沙家浜地區民眾，對「新四軍」戰士之呵護、支援的壯烈故事，在眾多英雄事蹟中，特標舉地區民眾「阿慶嫂」的溫馨而又壯烈的感人形象，以示「軍民一家」，因而景區內外以「阿慶嫂」爲名的商品、菜館，均應運而生，亦一大特色。

「沙家浜」是一湖蕩的水鄉，遍植蘆葦，人、船隱藏其中而不察，誠天然的「綠色世界」，景區規劃二十三處景點，繞湖而行即能觀賞，尤多處之英雄塑像，及戲台定時表演以「沙家浜」故事爲主軸的舞台劇，均能引人入勝，實地展演曾發生於現場的故事，自然貼切可觀！

環山臨城——玄武湖

在世界都會裡，擁有清澈而廣闊湖泊的都市，南京市應是少數得天獨厚的美麗城市，因爲在市內有周長十公里，佔地面積四三七公里的「玄武湖」，此湖在六朝前稱「桑泊」，曾名「秣陵湖」、「昆明湖」、「後湖」，其水源來自紫金山，一支經金川河入長江，一支經雞鳴寺附近武廟閘，進南京城，經淮河入長江，玄武湖岸呈菱形，已列國家4A景區，是南京市的心腹景點。

玄武湖已走過2,220春秋，古今文人雅士如李白、王安石等均曾於此留有遺跡，供後人憑弔。

玄武湖三面環山，一面臨城，鍾山雄峙湖東，古城瀕臨西南，富貴、覆舟、雞籠山，屏列於南，秀峰塔景，隔城輝映，朝陽、幕府山，綿延湖北，山城環抱，沿湖名勝古蹟眾多，巍峨的「明城牆」，秀美的「九華山」，古色古香的「雞鳴寺」，環抱其右。其秀麗風光，令人流連忘返。

玄武湖中有「櫻洲」，相傳南唐後主李煜曾被軟禁於此，曾有「春花秋月何時了，往事知多少？」千古絕唱。

玄武湖是南京市民重要的遊憩之所；家人郊遊，情侶散步，孩童嬉戲，均分散於湖之週邊林蔭道、遊樂場，更有划舟盪漾於碧水之中，一派悠閒自在，春秋時節，遼闊的廣場，多是競放風箏的「高手」，使玄武湖的上空呈現多彩多姿的流動景觀，幾令人流連忘返！

荷泉之鄉——大明湖

「大明湖」位於山東省濟南市，在舊城北部、市之中心，以「趵突泉」、「千佛山」而聞名，佔地八十一萬平方米，湖水面積四十六萬平方米，佔舊城三分之一，南起「濯纓湖」，北通「鵲山湖」，可見其範圍廣大。

在名著「老殘遊記」（高鶚著）對濟南市的風光有如下生動的描寫：「四面桃花三面柳，一城山色半城湖」。大明湖有「四怪」：「青蛙不鳴」、「蛇蹤難尋」、「久旱不落（乾涸）」、「久雨不漲」。由於大明湖之湖底爲不透水的火成岩，泉水不易下泄，兼之排水合理，致形成「淫雨不漲，久旱不涸」的特質。

大明湖的風光綺麗，久爲雅士稱頌，因其湖光浩渺，山色遙連，夏挹荷花，春色揚煙，蕩舟其中，如遊香國，簫鼓助其遠韻，

固江山之獨勝。

大明湖中及其週邊的景觀，計有：

「歷下亭」——位於湖心島，是文人雅士薈萃之地。

「湖心亭」——位於湖中一方形小島上。

「月下亭」——為六角亭，在湖之東北岸，有小石橋與「明湖小苑」相通。

「鐵公祠」——在湖之北岸，為紀念明朝建文帝時，捍衛濟南府抵禦朱棣進攻的兵部尚書，山東布政使鐵紘所建，祠門有聯「鐵扇擔道義，碧血照湖光」。

另尚有「北極閣」，「南豐祠」，「匯波樓」等景點不僅可觀，且別具意義，遊人多流連其間。

北洋軍政府主席張宗昌，於遊大明湖，曾附庸風雅有「明湖賦」應世：「大明湖，明湖大，大明湖裡有荷花，荷花上面有蛤蟆，一戳一蹦達」，可供識者一粲。

大明湖固為濟南市中之重要景點，除「趵突泉」久已聞名遐邇，遊人絡繹於途，復由於湖園之幅員寬廣，市民與遠道遊人，莫不於湖之週邊，施展各項活動，如跳舞、唱歌、練拳、吊嗓、品茗、聊天，亦有「麻將」、「奕棋」等賽局，可謂五花八門，不一而足，誠為名敷其實的「人民公園」，遊歷其間，必有「超值」的收穫！

四水交匯——洞庭湖

有一首歌讚中國山河錦繡的歌曲，其中有一句「浩蕩的洞庭，燦爛的敦煌」，對未曾親炙的我，是滿懷嚮往之情的，因此乃有迫不及待的「湘江之旅」。

洞庭湖在湖南之北、長江、荊江河段以南，是中國的第三大湖，僅次於「青海湖」與「鄱陽湖」，也是第二大淡水湖，面積3,968平方公里，納湖南境內湘、資、沅、澧四水匯入而成，北與長江相連，湖水由東面城陵磯附近注入長江，爲長江重要調蓄湖泊。

昔稱「八百里洞庭」，後因地理與氣候變化，而有「圍湖造田」的措施，而現在有感於湖之景觀不復當年，又有「退耕還湖」的舉措，實屬明智之舉。

此度「洞庭之旅」，並非專程，而是遊岳陽古城時「順便」一觀，因斯時正值洞庭湖乾涸，湖水枯竭，站立岸邊，放眼眺望，不僅未見浩渺湖水，更無帆船艟艟，只好在面湖的「岳陽樓」頭，空自遙想「浩蕩洞庭」的景象，古有「洞庭天下水，岳陽天下樓」之讚，現列爲

五A級景區。岳陽樓始建於公元二二〇年前後，是三國東吳大將魯肅的「閱軍樓」，古今文人雅士。競登古樓，飽覽勝景，以憑欄抒懷。

在中國三大名樓中，岳陽樓是唯一保持原貌的古建築，彌足珍貴，尤以那篇木刻的「岳陽樓記」，不僅使范仲淹名留千古，尤「先天下之憂而憂，後天下之樂而樂」名句，更成千古絕唱。

東北主流——松花江

中國對日本侵略，所引發的全民抗戰，不僅是中國近代最壯烈也是最悲慘的史實，大好山河竟被日寇侵略，萬千善良同胞竟被屠殺，每一念及不由滄然而激憤不已！幼時每聆聽「松花江上」的詞曲，都會熱淚盈框，不能抑制，悲憤的情懷，由張寒暉譜編的詞曲，在哀怨中有激憤、在悲傷裡有激昂慷慨的願望與不屈的鬥志，使淪陷區的民眾，有一抒發背鄉離井悲苦的聲音，歌詞扣人心弦：「我的家在東北松花江上，那裡有森林煤礦，還有大豆高粱，那裡有我的同胞，還有衰老的爹娘……流浪，逃亡！流浪到那裡，逃亡到何方，那年那月才能夠收回我那可愛的故鄉，爹娘啊！

何時才能重聚一堂？」實在感人至深：中國的苦難，何時得止？

由於對松花江的嚮往，曾有兩度東北之旅，一次是哈爾濱的冰雕和太陽島的雪雕觀賞，另一次則是「大東北之旅」凡東北之大都市、重要景點，皆在觀賞行程之內，因而多次接觸到松花江，僅將其重要史料摘列如下：

松花江發源於長白山主峰白頭山天池，由東南向西北流淌，在吉林與黑龍江交界處，松原市北面三岔河附近，與嫩江匯合，後轉東北，入黑龍江，長 2,308 米，流域面積 54.6 萬平方米，主流除嫩江外，還有頭道江、二道江、輝發河、飲馬河、牡丹江、湯旺河流域，通航里程 2,600 千米，有汽輪可達吉林，松花江流域，面積 55 萬平方公里，跨遼寧、吉林、黑龍江、外蒙古四省，其長度次於長江、黃河，而成為第三長河流。

中韓臍帶——鴨綠江

鴨綠江古稱「淇水」，漢朝時稱「馬訾水」，至唐朝始稱「鴨綠江」，因江水清澈，江水顏色似鴨頭色而得名。

鴨綠江位於遼寧省丹東市境內，鴨綠江下游自渾江口至江海

分界處，主長 8,032 公里，景區段二一〇公里，面積約四百平方公里，主要景區以水景為主線，山景為依托。

一九〇五年日本為便於侵略中國，而於北韓義州與中國丹東間，架設「鴨綠江鐵橋」，以利人員、物資運輸，直到一九四九年韓戰爆發，美軍欲自南韓揮軍北伐，而中共則發動「抗美援朝」戰爭，其口號有「雄糾糾，氣昂昂，百萬雄師過大江」，即是假道此橋，美軍為阻絕北韓之後援，乃斷然將此橫跨鴨綠江的鐵橋炸斷，現靠丹東段尚有四個橋孔，橋上陳列兩發巨大炸彈模型，供後人警惕，以記取戰爭的教訓，而靠北韓義州段，則全部炸毀，因而兩岸的景觀迴然有別；丹東高樓矗立，燈火輝煌，一派繁榮都市景象，而靠北韓那邊，則是陰暗寥落，遠處村落破舊，人煙稀疏，我們乘快艇在鐵橋中段「遊江」，兩岸景象，強烈落差，看在眼裡，心中自有「稀嘘之嘆」！

丹東是鴨綠江畔的「英雄城市」，因其為大陸與北韓交界，地位重要，其次丹東是明朝萬里長城最東之起點，當然現在更是中國最大的邊境城市！重要性非同一般。

貢嘎明珠——伍須海

四川省幅員之大，超乎想像、山重水覆，人傑地靈，天時兼地利，造成其富庶豐饒，冠於他省，是不爭之事實。此度「康巴之旅」，幾乎連日都在崇山峻嶺間運行，極目所視之景色，自是絕美而冠於一般景區。

「伍須海」位於四川甘孜藏族自治州，九龍縣北部，是國家級「貢嘎山風景區」重要部份，由山峯、原始森林、林中溪流、五花草甸，高山草甸，與湖泊、奇樹和珍稀動植物，及獨特的藏族風情，所綜合組成，被譽爲「康巴第一海」，主要景點：「三道橋」、「出龍潭」，「斬龍台」、「佛爺峯」、「鎮海石」、「十二姊妹峯」、「蓮花峯」、「日魯庫大草原」等，距九龍縣城二十五公里，景區面積一五〇平方公里，海拔三千五百米，遊人至此，可能有輕微之高山反應。

「伍須海」是一冰磧高山湖泊，長一千二百米，寬六百米，面積0.72平方公里，有「貢嘎明珠」、「仙女梳妝的明鏡」之美稱。湖水碧綠透明，環境幽靜，我們特繞湖半圈（另半不通）雖道路泥濘費時，但因湖水明澈，予人超塵之感，週邊之山脈氣勢磅礴，頂顛未溶的積雪，益增其壯美！

「伍須海」週邊之草坪，有葉如髮絲之綠樹，觸感輕柔，導遊告稱，可摘少許返家，爲洗滌碣碗之利器，我們好奇，遂採摘一把歸來，在廚房一試身手，誠然有效，嘖嘖稱奇，大自然造物之奇妙，誠非我等所能想像。

人間仙境——九寨溝

以水景聞名的九寨溝，贏得了「黃山歸來不看山，九寨溝歸來不看水」封號，水是九寨溝的靈魂；湖、泉、瀑、灘連綴一體，飛動與靜謐結合，剛烈與溫柔相濟。

九寨溝位於四川省西北部，岷山山脈南段，朵爾那峰北麓，是長江水系嘉陵江源頭的一條支流。遊九寨溝現有兩條遊程，其一自成都搭飛機直飛九寨溝機場。其二由成都搭乘大巴，經綿陽東環線路，全長五二〇公里（行程約八小時以上，且山路曲折，偶感顛跛，較疲累）我們曾親身體驗，往返需耗時兩日，現已有飛機直航，可免勞頓。

九寨溝面積七二〇平方公里。計有三構一一八海子（高山湖泊）五灘十二瀑，十流數十泉，十二峰直刺蒼穹，有「翠海、疊瀑、杉林、雪峰、藏情」五絕。由高山湖泊和高低不一的流泉飛瀑，構成一處人間仙境，因而成為「世界自然及文化遺產」景區。其特色為「水在樹間流，樹在水中長，花樹開在水中央」仿如遺落人間的「童話世界」。

九寨之水：水之集大成者，形色聲光，湖瀑灘泉，美絕天下，奇冠世界。遠離煩囂，九寨之水，依山蓄勢，動靜相諧，珠串玉接，湖瀑疊連，大則丰姿綽約，小則麗質天成，深則幽謐典雅，淺則晶瑩剔透，純則碧藍如洗，麗則異彩斑爛。

九寨之三溝，及其重要景點：

一、日則溝

鏡海——長約一公里，明澈如鏡，倒影清晰，讓人分不清天上的與水裡的景物，似幻似真，引人無限遐想。

珍珠灘瀑布——呈新月狀，猶如一面巨大晶瑩的珠簾，從陡峭的斷層垂掛而下，置身其間，真有「滾滾銀花足下踩，萬頃珍珠湧入懷」的感覺。

五花海——在同一水域中，呈現鵝黃、墨綠、深藍、藏青等色澤，在陽光的照射下，班駁迷離，非常奇妙，因泉華沉澱，各處不同，湖水深淺不一，營造異象，五花海有「九寨精華」及「九寨一絕」美名。

箭竹海——箭竹密佈，中布松杉，四季長青，水裡山上，藍浸綠染，洽似「水如碧玉山如黛」。

二、樹正溝

盆景灘——在荷葉寨前方，地勢平的淺灘，猶如一座多姿多彩的巨大盆景。

火花海——神奇莫測，風吹浪生，顯出朵朵「火花」，金光燦爛，此景多在清晨日出時分出現。

樹正瀑布——是九寨溝內第一個瀑布群，十九個海子綿延七公里，形成多層台階，一道道瀑布穿掠其間，只見群海之間，群瀑飛瀉，蔚爲奇觀。

犀牛海——是溝內景色變化最多、最大的海子，水面湛藍，倒影似幻似真，與天地、樹林渾然一體。

諾日朗瀑布——位於景區的心臟部位，海拔 2,365 公尺，是中國大型鈣華瀑布之一，是九寨溝景區明顯地標。

臥龍海——透過波平如鏡的水面，一條乳白鈣華長堤，如一條弓腰曲背的蛟龍，沉潛海底，蜿蜒而去。

蘆葦海——是一個半沼澤湖泊，海中蘆葦叢生，水鳥飛翔，微風撫過，颯颯有聲，令人心曠神怡。

三、**則查窪溝**

五彩池——池水上半部呈碧藍色，下半部則呈橙紅色，色彩斑斕，小巧玲瓏，與五花海不相上下。

長海——是九寨溝最大的海子，它沒有出水口，排水靠蒸發和地下滲透，神奇的是久旱不乾，暴雨不溢，藏胞讚美它是「裝不滿、漏不掉的寶葫蘆」。

季節海——湖水隨季節變化時盈時涸，秋日水豐，湖水湛藍，夏日水淺，湖色碧綠；初冬過後，湖水乾涸；春季遍佈青草，成了天然的放牧草灘。

九寨溝之美，之特殊，已是馳名世界，故景區週邊之觀光、旅遊設施，已提升達國際水準，在景區遊覽，可搭免費環保車，十分便捷，若在景區投宿，更有精彩的「九寨天堂夢幻之旅的巨型歌舞劇」可供欣賞。

旅遊行程，通常將九寨溝與同屬國家級風景名勝的「黃龍」連成一線，需拉車四小時以上，且翻越 5,588 海拔的雪寶鼎，其風景亦以雄、峻、奇、野馳名中外，更以彩池、雪山、峽谷、森林「四絕」著稱於世，當乘興同遊，暫不贅述。

恕我妄言，沒有一個到過九寨溝的人，能否認她超凡的魅力。如果說世界上真有「仙境」，那肯定就是九寨溝！

高原寶鏡——青海湖

青海湖位於青海省，青藏高原東北部，是中國最大的湖泊，也是中國最大的鹹水湖、內流湖，環湖週長三百六十多公里，平均水深二十一公尺，蓄水量 1,050 億立方公尺，湖面海拔 3,260 公尺，湖之四週有四座高山，即「大通山」、「日月山」、「青湖南山」、「橡皮山」，其海拔均在3,600-5,000公尺之間，故稱其爲「高原湖泊」，湖中有數座大小島嶼，而較爲著名的有「海心山」，島上有少數古蹟，可登臨一覽，另有「鳥島」，面積僅不足一公里，但春夏季節，卻可棲息十萬隻以上的候鳥，頗爲壯觀。

青海湖漁產豐富，以盛產「湟魚」、「氷魚」著名，尤以「湟魚」漸稀，已成保護級生物，故限制捕撈，我們隨旅遊團參訪，那天的午餐桌上竟有珍稀的「湟魚」一味，導遊與餐廳業者熟稔，破例（悄悄上桌，避見記者張揚）讓我們「嚐鮮」，果然鮮美垂涎，「湟魚」體積不大，約十餘公分長，圓滾、肉質纖細，少刺，十分可口，至今仍餘味猶存，故印象特深，誠難得美味！

湖中之「海心山」又稱「龍駒島」；約一平方公里大，冬多雪，夏多雨，水流充足，是牛、馬、羊牲畜的牧場，據稱春秋戰國之「秦馬」即產於此，此馬雄壯、和善，後與烏孫馬交配改良而成「血汗馬」，以神駿善馳聞名，能征慣戰著稱。

「青海」古代稱「西海」、「鮮海」，漢代稱「仙島」北魏更名爲「青海」，浩瀚縹緲，波瀾壯闊，爲高原巨大寶鏡。

人間淨土——喀納斯湖

被譽爲「絕世天堂」的「喀納斯湖」，位於新疆北部，阿爾泰山脈自然保護區，北鄰哈薩克斯坦和俄羅斯，東連蒙古國邊境「布爾津」境內，是一個火山口湖，其主峰「友誼峰」終年積雪，是最低的現代冰川之一。

喀納斯湖，蒙古語「美麗而神秘的湖」，亦稱「峽谷中的湖」，面積46.76平方公里，湖面海拔1,374米，湖深一八〇米左右，湖水碧波萬頃，湖水隨季候、天氣變化而變換顏色，可謂「變色湖」，每至秋季，層林盡染，景色如畫，當地稱「卡贊湖」，即其形如鍋底而稱爲「鍋底湖」。

喀納斯湖的四季風景絕美，俱有特色；春天山花爛漫，芳草萋萋，夏天郁郁葱葱，湖波盪漾，秋季層林盡染，林木金黃，冬天則白雪皚皚，銀色世界，美不勝收。因而有「東方瑞士」之稱，爲5A級景區，並入選爲中國最美湖泊。

境內森林密布，水草豐茂，是諸多游牧民族逐鹿之地，清代至今，世居此境，主要有「圖瓦人」和「哈薩克族人」，因地廣人稀，益顯其遼闊。

喀納斯湖週邊之旅遊景點，有「五彩灘」、「臥龍灣」、「月亮灣」，皆可一遊。

喀納斯湖有「觀魚亭」（高 2,030 米）俯視湖景，仿如水墨世界的禾木村，吹煙裊裊的白哈巴，俱呈冰雪玉潔景象，而其美麗富饒、神秘莫測、藍天、白雲、冰峰、雪峙、森林、草甸、河流，更是具體絕美特色風景。

相傳湖中有巨大「水怪」，惜未得見，因未獲得證實，傳說而已，或可增添其「神秘性」。

我們雖在春夏之交的五月間來遊，但早晚仍多寒意。即白晝所經之處，仍有未溶的冰雪，小木屋內仍需緊閉門窗，以抵擋刺骨的寒風，出門在外，保健不可疏忽！

碧簪羅帶——漓江

「桂林山水甲天下」，這是世人一致認定的事實，但若未曾親臨其境，可能無法瞭解「陽朔山水甲桂林」這樣描述的真實性。而我敢於「見證」其不虛，當然是因我曾身歷其境，在那混然天成，如夢如幻，如詩如畫的青山碧水中遊歷過，讚嘆過，陶醉過！

留下永難磨滅的美好印象。無怪乎有人要：「寧作桂林人，不願作神仙」了。

「漓江」，是中國錦繡河山的一顆明珠，是桂林風光的精華。早已聞名遐邇，著稱於世。

「漓江」位於廣西壯族自治區東北部，屬珠江水系，發源於桂林之北，與安縣的貓兒山，流經桂林、陽朔、平樂至梧州，匯入西江，全長437公里。從桂林到陽朔約83公里的水程，酷似一條青羅帶，蜿蜒於奇峰之間。沿江風光旖旎。碧水縈回，奇峰倒影，深潭、噴泉，飛瀑參差。構成一幅絢麗多彩的畫卷，有「百里漓江，百里畫廊」之稱。

古之騷人墨客，不知爲漓江寫過多少膾炙人口的詩文；唐朝韓愈曾有「江作青羅帶，山如碧玉簪」的詩句，讚美「漓江」的絕美風景！

遊「漓江」必乘平底遊輪（或竹筏），遊船並備餐飲，船在江上徐徐前行，遊客在遊輪上用餐、小酌，一邊欣賞兩岸旖旎風景，清風微拂，不覺衣單，好一派逍遙自在的情韻，或許只有超然化外的「神仙」，差堪比擬！

「漓江」沿途之重要景點計有：「塔山」、「磨山碼頭」、「蝙蝠山」、「群龍戲水」、「望夫石」、「半邊奇渡」、「冠岩幽洞」、「楊堤翠竹」、「浪石煙雨」、「童子拜觀音」、「九馬畫山」、「黃布倒影」、「興坪」、「五指山」、「螺螄山」、「龍頭山」、「碧蓮峰」、「望江亭」、「筆架峰」、「書童山」、「高田風光」、「大榕樹」、「月亮山」等等，俱皆美不勝收，倘逐景觀賞，當非行程緊湊之旅遊團一二日所可盡遊，但僅匆匆一瞥，便令你陶然忘憂、去俗的了。

灕江的自然風光、靈秀山水，不僅讓遊人陶醉，更觸動萬千藝術家的靈感，而絡繹於途的畫家來此寫生、攝影，音樂家譜寫樂章；大導演張藝謀更將當地的傳奇人物「劉三姐」的故事，透過灕江的風景，運用現代的科技，編排一場唯美驚艷的「印象劉三姐」舞台劇，以灕江週邊的山、灕江清澈的水、作爲佈景與舞台，配合燈光，音效，江上划動的漁舟，並採用灕江當地的漁民村婦，作爲事故人物，這確是石破天驚的構想，演出以來自極轟動，頗獲佳評，以至每場均一票難求，由於演出成功，而帶動了以後的「印象西湖」、「印象麗江」等大型以實地現場景物爲舞台的演出，僅此一觀，便值回票價了。

「陽朔」沿途之村落，由於觀光人潮湧現，而大與「民宿」風，來自世界各地的背包客，競相落腳，俾作「深度之旅」，好山好水，絕非「養在深閨人未識」；意欲一探靈山秀水風貌者。何不趁早！

天下奇景——壺口瀑布

黃河自青海發源，流經四川、寧夏、甘肅、內蒙古、陝西與

河南，在山東入海，全長5,460公里，是中國第二大河，被稱之爲中華民族的「母親河」。

滾滾黃河像一條巨龍，由北向南，穿行在西北黃土高原的秦晉峽谷之中。當流經陝西省宜川縣境內的壺口時，約四百米寬的水面，驟然一束，傾瀉入約四十米深的石槽裡，形成大小不一，形態各異的瀑布群，這就是中國著名的河瀑奇觀——壺口瀑布。

壺口瀑布是黃河上唯一的大瀑布，也是罕見的金黃色大瀑布。只有站在壺口，面對瀑布，目睹巨浪翻滾，耳聞濤聲震天，才能真正領略到黃河在奔騰、怒吼和咆哮的浩大氣勢，在返樸歸真之感中，產生人與自然的遐想，和戰勝一切的勇氣與力量。當人們稱黃河是中華民族「搖籃」的時候，則將壺口瀑布看成是「搖籃之魂」，看作不屈不撓、英勇頑強民族精神的象徵。

黃河、黃土高原、秦晉峽谷和壺口瀑布及其週圍十里的龍糟、孟門山、古渡口、石寶寨等一起，構成大自然的壯觀景象，早爲炎黃子孫所矚目，並在此形成深遠而豐厚的文化歷史。一九八八年被確定爲國家重要風景名勝區。

台灣著名的武打名星柯受良（小黑）以勇敢、冒險而享譽，一九九八年曾有震驚世界的壯舉——自駕汽車飛越黃河，其成功固贏得世人讚嘆，台灣各界亦引以爲榮，自然順便將壺口瀑布的壯麗景觀推向世界，亦功德一件。

我等於二〇〇五年六月中旬，隨旅遊團參觀壺口瀑布，途經顛跛曲折道路，雖折騰疲累，當抵達觀瀑區，自然爲眼前的壯麗景象所震懾，精神爲之一振，在滾水沸騰，如萬馬狂奔，濤聲震耳，氣勢逼人的現場，忙不迭地選擇角度、位置，不停地攝影，紀錄下「飛瀑奇觀」以爲紀念！在觀瀑堤岸石壁上，有明、清詩人，詞客題書詩章，其中有「千年黃河萬里流，滾滾煙塵一壺收」，頗寫實又寄情。

「觀瀑舫」酒樓，地屬陝北，距中共老巢——革命基地延安，僅一四五公里，以此度彼，極目所視，俱屬黃土高坡。窯洞到處可見，顯然是貧瘠有待開發和大力資助的地區，遙想當年國共內戰時期，共軍於此休養生息，努力發展、壯大，假以時日與機遇，乃有爾後的大好機會，與現今「一統江山」的氣勢與局面，歷史的變化與發展，誰能逆料？

白練天降——黃果樹瀑布

貴州省安順市、鎮寧縣與關嶺縣接壤處（佈依族、苗族自治縣）是珠江水系打邦河的支流，黃果樹是白水河九級瀑布群中，規模最大的一級瀑布，高七十七點八米，主瀑高六十七米，寬一○一米，主瀑頂寬八十三點三米，是亞洲第一大瀑布，世界第二（僅次美加的尼加拉瓜瀑布）。距貴陽一五○公里。

黃果樹瀑布之上流——白水河，從山巒重重的東北山脈，瀉崖直落，水勢洶洶，波浪滔滔，流經黃果樹地段，因河床突然斷落，而形成九級瀑布，分佈雄、奇、險、秀風格各異的大小十八個瀑布，形成龐大的瀑布家族，並可從瀑布的上、下、前、後、左、右各個方位觀賞，有水簾洞自然貫通，且能從洞內外，聆聽震耳的瀑布飛落的聲響，亦可伸手觸摸飛瀑氣勢，隱身簾洞，自然產生旖旎故事，供作回味！

黃果樹瀑布的震天巨響，如千人擊鼓，萬馬奔騰，聲似雷鳴，遠震數里之外，驚心動魄，誠如明旅遊家徐霞容所形容：「搗珠崩玉，飛沫反湧……」。「煙霧騰空，勢其雄厲……」，「珠簾鈎不捲，匹練掛遙峰……」。

爲便遊客深入遊賞，近特裝設號稱世界最長之電扶梯，約五分鐘可上下瀑布區，收費50元，亦善哉！

黃果樹瀑布附近之景點有「萬峰林」、「石頭寨」、「天星橋」、「滴水灘瀑布」、「霸陵河峽谷」、「三國古驛」、「陵坡塘」、「郎宮」、「水上石林」等，已列國家5A景區。是黔西南之精華地區。

足跨中越——德天瀑布

號稱「亞洲第一跨國瀑布」的「德天瀑布」，位於廣西省南寧與憑祥邊境，大新縣境內，橫跨中、越兩國。寬一二〇米，落差七十米，縱深六十米，三級跌落，氣勢磅礴，聲聞數里，動人心魄，蔚爲壯觀，與緊鄰的越南「板約瀑布」相連。總寬達二百多米。隨四季變化，德天瀑布姿色各異。無論春、夏、秋、冬，均有令人怦然心動的風采。

在中越邊界，有一座並不起眼的「中越五三號界碑」，兩邊民眾散列販售土特產的攤位，供遊人選購紀念，遊客紛紛選好角度攝影，作爲「出國」與「回國」的見證，雖然僅一步跨越，卻留下了「歷史的鏡頭」，頗饒興味！

我們卻在枯水期來遊，自然看不到「飛瀑」與「聲震」的情景，但仍有數條「白練」般的「細流」，潺潺奔淌，亦算不虛此行了。

沿線的行程中，可搭乘竹筏遊覽「明仕田園」，這裡奇峰錯列，山影平湖，茂林翠竹，綠水梯田，竹筏在秀水中穿行，可清澈看見魚蝦在水草中迴游，好一幅「世外桃源」的圖像，如明旅遊家徐霞容所形容「踏遍青山人未老，風景這邊獨好」。再轉乘小輪船遊「墨水河」，兩岸景色清幽，遠山疊嶂含翠，頗有國畫境界，既似桂林山水，又若貴州風光，車行其中，頗有「車在畫中行，人在畫中游」的意境，莫非「德天歸來不看畫」？

中越百姓交通的主要關口「友誼關」，是中國九大名關之一，又名「鎮南關」，爲歷代南疆邊防戰略要地。

自然碩果——萬綠湖

萬綠湖風景區位於廣東省東源縣境內，距河源市區六公里，與肇慶的「鼎湖山」、雲南的「西雙板納」齊名，被指爲北回歸線上「沙漠腰帶的東三奇」。這是因爲地球的整條北回歸線帶，幾乎全是沙漠或乾旱草原，僅有這三處得天獨厚的地方，才擁有一片綠色，如果說，鼎湖山、西雙板納是大自然的恩賜，那麼萬綠湖則是廣東人利用自然創造的碩果，既環保又乾淨，香港即是以此水爲他們的民生用水。

萬綠湖因處處是綠，四季皆綠而得名。集「水域壯美、水質純美、水色秀美、水性恬美」於一身，全國罕見、是國家4A級旅遊區，廣東省環境教育基地。三七〇平方公里浩淼碧水，1,100 平方公里延綿青山，三百六十多個綠色島嶼，在藍天、白雲、朝霞、夕陽的映襯下，展現一幅迷人的山水畫卷。眼見

峰巒疊翠，飛瀑揚波；傾聽松濤拍岸，鳥語蟬鳴、體驗純真、天然野趣，呈現一個鏡花水月般的人間仙境，一個回歸大自然的理想樂園。

萬綠湖的魅力在其「綠」。只有乘船飄蕩在浩渺的碧波之上，方能體會，只有全身心融入這翡翠般的夢幻世界，才能明白，爲什麼百花仙子會選擇在此降生；只有你用心觸摸到這清澈透良的湖水，才能感受到萬綠湖的美與誘人。

在萬綠湖遊程之後，尚有鄰近惠州的「西湖」，其景點獨特而眾多，且不遜於浙江杭州之「西湖」風采，且容後另述。

高山堰塞——鏡泊湖

位於黑龍江省牡丹江市寧安縣境的鏡泊湖，是黑龍江東南部，和北方著名的風景區，亦是避暑勝地，因而被譽爲「北方西湖」。

鏡泊湖南北長四十五公里，東西寬六公里，是一狹長形高山堰塞湖，也是萬年前，歷經五次火山噴發流出之岩漿，把牡丹江截斷而成的湖，湖面海拔三百五十米，最深處超過六十米，最淺處僅一米，湖面約九十平方公里，容水量十六億萬米。湖

呈S形狀。

湖之北岸半島，有遊樂設施，有遊覽中心、鏡泊山莊，除此之外少有建築物，所有者只有山巒蔥郁的樹林，一派秀麗的大自然風光。

鏡泊湖之主要景點，有「大小孤山」、「白石砬子」、「珍珠門」、「道士山」、「吊水樓瀑布」，及「地下森林」等，均可一遊。

在寬廣的鏡泊湖上，乘汽艇巡遊，湖水清澈而平靜，遙望週邊俱是茂密叢林，偶有候鳥掠空高飛，湖中亦有少數撒網的漁人駕著一葉扁舟，點輟湖面，形成一幅靜謐的畫圖，也呈現天、地、人之間和諧景象，誰能想像萬年前天崩地裂的災禍場域，經歲月的沉澱，時間的沖涮，而有了難以置信的神奇變化，文明畢竟是進化的動力，人類在文化的薰陶中，不斷地迎接挑戰與創新，而有當今翻天覆地的進化。也享受進化帶來的成果——精神文明，物質富饒的生活，世代相衍，而成嶄新的世紀！

人間瑤池——寶峰湖

在湖南省有鬼斧神工之稱的世界級景點——張家界境內，離

武陵源僅1.5公里處,有一處集山水於一體的高峽平湖——寶峰湖,其壩高七十二公尺,長2,500公尺，深七十二公尺，水面如鏡，湖畔青峰與湖中綠水互相映襯，倒映群峰，美景如畫，因而被譽爲「人間瑤池」。

因湖水清澈，湖邊岩石磊磊，是國寶級的「娃娃魚」最喜棲息之處，因而湖泊被譽爲「娃娃魚之鄉」。

登寶峰湖需爬三百多階之石階，因湖面有 200-1,000 米寬，可搭船遊湖，業者更安排數艘彩紮花梢的「畫舫」，穿梭湖中，並在綠蔭岸邊停泊一艘彩船上，出現一位穿著「古典」的村姑，引吭高歌，歌聲清越嘹亮，回盪在山谷與碧波之間，自然引人入勝，原來此一安排，乃是湖邊之土家族的阿哥、阿妹的山歌對唱，所唱之歌詞多是年輕男女的思慕情意，纏綿動聽，適巧我們船上的導遊小湯，既是道地的土家族青年。又善情歌，一時之間，你唱我和，我問妳答，充滿了浪漫氣氛，尤其船過揮別的刹那，那艘船上的姑娘竟低頭揮手，一付不勝依依的離情別緒的樣子，令人不忍，自然贏得我們熱烈掌聲，此情此景，誠是旅途中最爲生動的一景。難以忘懷！

寶峰湖的水質極佳，清澈幾可見底，湖邊高聳入雲處，有「鷹窩寨」，俯瞰湖景，像一塊碧玉鑲嵌在群山之中。

煙雨籠翠——沱江

位於湖南省鳳凰縣境的「鳳凰古鎮」，遠近馳名，已有千年歷史，爲土家族和苗族的自治區。或因文學家沈從文的名著「邊城」的部份場景描繪，而使這座「湘西邊城」而聲名大譟。自然，鳳凰的母親河——沱江，佔有重要地位不可不提。

「沱江」是武水的一支，沿鳳凰古鎮之城牆而流淌。河水清澈，水流悠悠緩和，佇立河畔，可看柔波裡的水草，可乘小舟撐篙漫溯。雖名爲「江」，而實際即是一條寬可併舟划行的「河」。凡進鳳凰古鎮，必經「虹橋」，橋上散列出售土特產之商鋪。吸引遊客駐足，橋下則是清澈的「沱江」，「江」之兩岸有參差不齊，細腳伶仃的「吊腳樓」群，佇立沱江之中，煞是奇特，在虹橋和北門的河道中，有十五個（約一百米寬）的岩墩。橫列河床（墩距五米）再搭木板，以鐵鍊固定，供民眾往返，以替代橋的功能，並名之爲「跳岩」，據考證係清康熙四十三年（一七○四年）所建，現已成古鎮一景，除供居民往返兩岸，平日更多婦女蹲在岩邊浣衣，古鎮風情，表露無遺！

古稱「人傑地靈」，湘西之邊城小鎮，卻是「地靈人傑」；享譽文壇的沈從文，馳名藝壇的黃永玉，以及民初曾任國務總理的熊希齡等名人雅士，即出生於此，在古樸的巷弄中，一座二進三房的瓦屋，陳列著沈從文的生活面貌，老舊的傢俱，說明主人的儉樸，長方書桌，即是享譽文壇的名著「邊城」的誕生之處，為表景仰前賢，特於其中堂前留影紀念，亦鳳凰古鎮，沱江漫遊之另一收穫！

魚鳥天堂——高郵湖

古稱「壁瓦湖」、「樊良湖」、「新開湖」的「高郵湖」，位於江蘇省揚州市高郵縣、淮安市金湖縣、安徽省天長市之交界處，水域面積 760.67 平方公里，（在高郵湖縣境內 372.82 公里，佔總面積 56.32%，在天長市境內四十%水域）水位 5.55 米，葦灘和堤壩面積 112.62 平方公里。是江蘇第三大湖。全國第六大湖，屬淺水型湖泊，為淮河入江的水道，同時又是一座「懸湖」，因湖水水面以及部份湖底，比運河之東的里下河地區面積還高。

高郵湖有難得一見的奇景，在季節的龍捲風來襲，而形成高達千米的水天相連接的黑白水注，長達十數分鐘，觀之震驚，蔚為奇觀，人稱此奇景為「龍吸水」。

高郵湖水草豐美，為痲鴨棲息之所，又因魚蝦量多，為痲鴨主要食源，或因此之故，而生產碩大的「雙黃蛋」，為佐食之佳餚，馳名全國。鴨蛋文化，因地處里下河水鄉，水網密佈，「高郵麻鴨」系全國三大名鴨之一，其名為「麻鴨」者，係因其毛色如麻雀而得名。

高郵水河交錯，資源蘊藏豐富，京杭大運河傍城而過，碧波盪漾，是全國第六大溪水湖，盛產六十多種魚、蝦，蟹、貝、蒓菜、蘆葦等動植物，秋季亦產滋美的大閘蟹，因產量遠不及陽澄湖，故鮮為食客所稱道。但高郵湖被稱為「魚類世界、鳥類天堂」並非過譽。

高郵乃我裔袍之鄉，自有一份血濃於水的特殊感情，故鄉臨澤在里下河水域，距湖東之小鎮界首約四十里，幼時避日（寇）、共（八路軍）之亂，曾多次暫居寄讀於界首及高郵縣城，而此兩地均在高郵湖之畔，幾乎每天都能佇立湖堤，憑弔波光粼粼的夕陽美景，「落霞與孤鶩齊飛，秋天共長天一色」的景象，時縈胸懷，久難抹去，而最遺憾的竟未曾登舟於湖中游盪，飽覽湖上風光，誠然只有「此情可待成追憶」的嘆息了。

相傳宋朝文學巨擘蘇東坡與高僧佛印和尚，曾相約湖上泛舟，見景生情，詩興大發，而有「酒沽橫蕩橋頭月，煮茶青山廟後泉」之千古佳句。

高山明珠——日月潭

台灣聞名遐邇的風景，除了阿里山，就是日月潭了，（自然尚有其他頗具特色的景區，亦為人稱道者）尤其兩岸交流頻繁之後，凡大陸遊客遊台之首選景點，即是此兩必遊之景區，其之所以有此盛譽，自有其獨到之處。

「日月潭」位於台灣中部之南投縣魚池鄉日月村，是全台最大的淡水湖泊，也是最美的高山湖泊，舊稱「水沙連」，全潭以「拉魯島（光華島）」爲界，南形如月弧，北形如日輪，爲全台八景之一。湖面海拔七四八公尺，常態面積七九三平方公里，最大水深二十七公尺，平均溫度約二十度，氣候穩定。四季如春。潭中之魚產，以鰱魚珍貴著名。

現有纜車自「九族文化村」直達「日月潭」，約十餘分鐘，極爲稱便，因而遊客衆多，已成全台最熱絡的景區。遊潭可採之途徑，爲「纜車之旅」、「步道尋幽之旅」、「環潭單車之旅」、「宗教祈福之旅」及「車埕懷舊之旅」。全潭之景點勝地有「光華島」、「文武廟」、「德化社」、「蔣公銅像」、「山地文化中心」、「玄奘寺」、「慈恩塔」、「孔雀園」、「涵碧樓」等，環潭一週三十三公里，由於週邊林木茂密，花卉競豔，氣候適宜，遂成旅遊、觀光、休憩之特佳景區，應運而生得「觀光產業」，更是蓬勃熱絡，飯店、民宿、遊艇、土產、美食，更是生意興隆，歷久不衰！

日月潭因地處偏僻山區，早期爲原住民（古稱高山族）生存、發展之範圍，以種植、狩

獵爲生，與外界平地少有交往互動，因而形成特有的文化，台灣光復初期，其聚落採「酋長」制，如德化社之首領毛信孝，被尊爲「王爺」，其女稱「公主」，凡至者必先拜訪，並爭相合影，其穿著均爲鮮艷的「番裝」，身佩「番刀」，雄壯威武，氣勢不凡。曾多次陪伴蔣公伉儷遊湖，因而聲名大燥，其三女皆美艷，清麗，遊客爭與合影（需付薄酬）一時傳爲佳話，現已時移勢易，景雖在，而人多已物故，現則以販售土產招來遊客；仍爲遊客不可錯過得景點。

日月潭有天然的山水之勝，除吸引近悅遠來的八方遊客外，南投縣於每年秋季（十月左右）擇定假日與體育單位，熱烈舉辦「萬人橫渡日月潭」活動，來自各縣市組成之泳隊，竟有數十隊，不分男女老幼（長者九十許、幼童僅八歲）紛紛前來參加，共襄盛舉，甚至港、澳人士亦來一顯身手，自碼頭出發，橫渡潭水清碧的日月潭，到達彼岸的德化社登岸，全長約 3,200 餘公尺，耗時約二—三小時，頓時湖面彩色繽紛，萬頭躦動，載浮載沉，一隊隊鼓勇向前，一如「浪裡白條」般勇健，在隊伍的兩側，均配置救生船及醫護人員，以策安全，旖旎盛哉！八十九年我亦曾鼓勇參加此一盛會，一則考驗體能與泳技，再則借觀摩、參與以吸取經驗，並作日後爲自己留一可堪「誇耀」的紀錄！每年參與競渡的人數，均熱烈增加，一〇一年曾達三萬二仟餘人，誠然難能可貴，舉辦此項活動，自然對日月潭有正面的宣揚功能，對國民的健康、社會的風氣，亦有激勵的效益！

附錄一

世博之旅

上海「世界博覽會」，已於去年（二〇一〇）十月底圓滿而成功結束，因其是歷次世博之「最」——最大展區——園區面積達5.28平方公里。最多參展國家或國際組織——共二四二個單位。最長展期——一八四天。最多觀眾——七千二百萬人次，為歷屆之冠。在宣傳已久的資訊中，我即萌嚮往之心，並決定「到上海，看世博」，因其地距僅一海之隔，又是同文同種的環境，既方便赴會，又能聽懂、看清所展示之文物景觀，何樂不為？倘下次以後在任一地區舉辦，皆無此優越而便利的情況，於是乃在九月中偕眷（背包二人組自由行）沿小三通途徑，由松山——金門——廈門（落地簽證，極便利）再乘「動車」（快捷舒適）歷八小時（慢車需廿二小時）逕抵十里洋場的上海，由於正值世博顛峰期間，住的問題，更為「緊張」，不僅一房難求，且房價都「翻上一番」以上，但既來之則安之吧！

披星戴月，九覽世博

世博園區，位於黃埔江的兩岸；浦東園區，（A、B、C片區）浦西園區（D、E片區）分由八個入口進園，且皆有便捷的地鐵和巴士轉運抵達，雖極稱便，但因來自各國、各地區的「朝聖者」眾多，幾乎每車都是只有一個「擠」字可形容，在全區的展館中，唯有「中國館」與「台灣館」須於進園後，再憑「預約券」（數量有限）再按規定的時間入館參觀，或因此二館之盛名甚「夯」，致欲得此優遇者，必先於購票入園前之「安檢等候區」排隊約二小時，始能獲得，否則必失之交臂，徒喚負負。不然再花100—200元代價買黃牛票，才能如願，因此我們必需於天未明，月如鈎的清晨，搭「打的」前往等候索取幸運的預約券，如此者再，雖辛苦但卻有趣。

世博展館，世界縮影

有人說「到上海參觀一次世博，就可以看遍全世界」，也有「一生一定要看一次世博」之說，何以故？因這盛會是集世界各國的文化、科技、藝術與智慧之大成的展覽，不僅可窺其風土民情、宗教生活的全貌，更可瞭解其爭奇鬥艷，藉圖像、音影、實物所展現的國力與潛能，甚至可以一知十，概及全般，故參展國皆精銳盡出，以極華奢唯美的方式展示，以吸引注意，達到宣揚與交流的目的。

科技創新，人文匯流

在大小二四二個展場中，凡大國皆有獨立龐大的展館，或以外貌造型引人，如英、美、法、德、西、加、日、沙諸國，或以內涵創意取勝，如沙烏地館，用軌道帶著觀眾進入伊斯蘭文明，百萬人朝聖場景，峽谷投影、清真幾何美學的極致；如英國館以六萬根不同種子的壓克力桿，構成蒲公英的外型，可謂以概念取勝，中國館以三分五十秒動畫的「清明上河圖」，展現古代文明；浙江館以大青花瓷碗投影，呈現西湖美景及錢塘大潮；而台灣館的玻璃天燈造型，中有LDE球體、通電透明，光影變化有視覺趣味，引人入勝，七二〇度的「自然城市」影片，如看3D動畫，觀之令人讚美。至於台北館，透過3D電影看到我們熟知的景觀，並將已著成效的「資源回收」與「無線電頻」作美妙的簡介。總之，台灣在世博的盛會中，表現傑出，並獲好評，堪可誇耀。

位於浦西的展館，多屬專業性，如鐵路、電網、船舶、航空，看似冷門，其實不然，僅就「石油館」爲例，其熱絡程度更在其他展館之上，排隊等候的人龍，綿延不絕，我們在等待的人龍中，或站或坐；竟耗了八小時又廿分的苦等時間。爲維持展館的秩序品質，採限量（每場五十人）、限時（每場二十五分鐘）當我們拖著無奈又疲憊的身子登樓入座，參觀4D

動畫，聲歷身的動畫電影，大家聚精會神看到令人驚駭的畫面，不禁驚呼大叫，因為出你意外地領受到「水淋到臉、坐下蛇游，及背遭石擊」的真實感應，參畢出館，仰望滿園華燈，自問：付出一整天等待的代價，僅獲得短暫新奇的感受，似乎不符比例原則，但我畢竟見識和感受了前所未有的「新」與「奇」，於是仍咬牙出迸出了「讚」！「值」！

氣魄宏偉，計慮週密

在偌大的展區，大小展館不下一兩百座（部分小國併一大展館）每天熱絡的人潮，少則二十—三十萬，最後數日竟破百萬，如此龐大人潮之吃、喝、拉、撒及交通，該如何規劃？解決？自是主事者能力的展現與考驗，在園區內有川流不息的多線免費巴士、渡輪及越江巴士運送遊客，各展區設有若干不同口味的熱食、賣店，解決遊客民生第一功，在展館適中地區，必有可供生飲的取水站（自備杯、瓶），及廁紙不缺的清潔廁所，且有專人不停清理、在每一叉路、轉彎、車站附近，必配置二三名穿著綠白相間夾克的「志願者」（暱稱「小白菜」）皆大專男女學生，經選訓擔任解說員，手持地圖見有人詢問，即主動迎近，親切有禮答覆園區任何疑難，指點迷津，態度和善，予人良好印象，至於秩序維持，另有「公安」負責，甚至輪椅、醫療等急救設施，亦一應俱全，綜上之工作人員，應在數千之譜，故能動中有序，亂不出軌，豈偶然哉！

增廣見聞，不虛此行

抱持「既來則遊」的心態，「遊必盡興」的準備，自抵滬之次晨，即展開「專心一志」的世博參觀之旅，每日總趕第一班地鐵，到達園區入口處，等待約一小時，至七時再進入「安檢等待」區約兩小時，至九時始能依序入園，再照自己之規劃到各展館排隊入場，各展館外排隊人龍長短不一，通常一至二小時，多則四五小時，甚至誇張如石油館的八小時多，但亦有隨到隨看的小館，或因內容貧乏匆匆一巡即可，幸好拜年長之賜，部分展館另設「綠色通道」憑証（六十五歲以上）可逕行進入，如此自可節省許多苦等的時間，由於展館多、內容豐富，欲罷不能，每至天黑腹饑，才打道輾轉回到旅館，如此日復一日，屈指算來竟連續九日，翻數「世博護照」上各館所蓋的章戳，竟達一百五十餘（尚有部份館不蓋者，概略參觀總數，應在一六〇—一七〇之間，約佔全數之七成）雖未「盡覽」，但也差不離了，尚堪自慰，由於歸程早經安排，乃於九月廿六日離滬，再經由廈——金小三通路線返台，當途經烈嶼所轄之大二擔、猛虎嶼附近，不由勾起卅年前於役金門的記憶，有不計其數的烈嶼巡訪、督訓，當時仍是刁斗森嚴的對峙時期，對照當今的「破浪巡遊」的風光，誠有不勝今昔之慨！

綜半月的「世博專案」旅遊所得，概略之印象是：精彩多元的世界文明，日新月異的科技進展，和諧競爭的人文關懷，奮發躍進的大國崛起，在漸入垂暮之年，猶能縱覽精縮之世界風光，自應自豪一句：『福氣啦！』

神州漫遊

終於卸下我大半生的公職，在了無掛礙的情境之下，作了一趟久已渴盼的「尋根之旅」，儘管對自己是既急切又重要，但自大陸開放迄今，探親尋根者，已有數百萬計，經商投資者，亦絡繹於途。因此，對岸的神祕面紗，早爲識者探得究竟了，但我仍不惴淺陋，就半月行程中之所見所聞，與綜合性的感想，作一簡要陳述，因爲我曾深入蘇北的農村，作了親身的觀察與體認，也曾在江南（包括京、滬、蘇、杭）重要都市，有數日之勾留，因此，不論在觀察的層面上應屬「寬廣」，在瞭解的深度上也堪誇「入微」，當然其中對現象的陳述與批判，亦俱屬主觀之認定。僅就觸角所延伸之範圍，分述如次：

一、交通　語云「交通乃建設之母」，可見交通之重要，環顧世界各國，莫不將交通列爲首要之建設，儘可能使之「速捷、舒適」以分享國人。但大陸對交通問題，似乎沒有那麼重視，就拿具有櫥窗代表的內陸至香港的「中國民航」來說，據導遊說：「誤點」是「經常」的事，「準時」反而變爲「反常」。證之我此次「出國是爲了歸國」的探親之旅，就無巧不巧地碰上了，原訂十二時廿分香港飛南京的班機，竟然延誤了將近七個小時，不僅沒有半句安撫抱歉的話，甚至連詢問原因也不可得，因爲這班「爲人民服務」的工作人員，久已習以爲常了。上了飛機之後，所見到的都是「樸克臉孔」，送來的餐飲，不僅粗劣，且多爲冰冷，試想在近於零度的氣溫，國人的腸胃如何能消受此等冷食？但這些問題，他們全然不站在消費者的立場去設想，什麼叫做「以客爲尊」，你愛吃不吃，這付態度或許跟「大鍋飯」的制度有關，做得好壞與個人的利益無關，他們不因客人的佳評而獲獎，也不因客人的抱怨而受罰，反正就拿一份「工資」或許多做多錯，那是非常划不來的。從我半月行程中所接觸到的公職人員，抱此態度者，均極普遍，只是讓我訝異的是具有櫥窗代表的空服員，首先「亮像」就讓你可以從他身上「觸類旁通」和「舉一反三」。

至於火車和汽車的品質，似乎也好不到哪裡，雖然高標「優質服務」的標牌，但你若親身體驗，恐怕還不是一個「髒、亂」可以概括的；京滬鐵路的「軟坐」，不對號，搶位子、燈光昏暗，滿地果皮；在國道行駛的公車，坐位狹小，必須「挺身」而坐，手攜行李須另「打票」，但仍叫你自行攜行，司機可中途任意停車，在路旁大剌剌地小解，爲了接受中途個體戶餐館和香煙招待，他可以提前在上午十點多鐘停車午餐，帶一車客人光顧，作爲回報的條件，因爲在這個前無村、後無店的地方，你祇有乖乖配合去用餐吧！你不必喊冤，你得入境隨俗，即使你心不甘情不願，仍得任聽擺佈，讓他小敲一筆吧！

市區的電車，班班客滿，一天夜晚我們在上海車站搭車，明明祇有廿卅人排隊候車，但當兩節空車駛來，如依序上車絕對夠坐，但大家蜂湧而上，擠在車門口時，大家就都上不了車，據說「搶位子」是出外搭公車必備的「本領」，否則只有乾瞪眼，上不了車，或者「吊」在那裡，這種令人驚恐的現象，說明社會秩序的敗壞，和道德教育亟待提升。憑心而論，大都市交通唯一的「異數」，就是計程車，不論是駕駛技術或言談態度，都是不錯的（較台北爲佳）或許與其爲高所得者有關，他珍惜這份「優遇」，所以必須提供「優質」的服務，因而讓外來者，驚訝其敬業精神之可取！

二、市容　大陸的鄉村建設，較之都市是普遍的貧窮和落後，這是不爭的事實，甚至有的農村前兩年才不穩定地供電（說停就停），自來水當不必苛求其普及，道路多爲石子舖設，一旦下雨，便泥濘不堪，唯其可取者，乃是造林與整地，凡是公路兩旁，或河堤兩側，都種植了高聳、茂密的樹木，一眼望去，頗爲壯美；稻田也作了重劃，大都是長方塊且大面積，較爲整齊，或利於耕作吧！至於都市的景觀，則各有特色風貌，但其共同點則是大同小異；京、滬、蘇、杭俱是頗具名聲和歷史的都市，其街道狹窄，建築多爲從前之古跡，除了極少的新建高樓外，餘皆舊樣，唯市區之街樹則是維護完好，尤其南京、杭州都有好幾條主要街道的兩側，都種植了枝葉茂密的法國梧桐，煞是好看，但是極不調和的是攤販林立，以及街道兩旁住家的窗戶，所任意懸掛的「萬國旗」——大則棉被，小到褲襪，不一而足，迎風招展，是何等景象？猶有甚者，在蘇州「拙政園」前的那條大街上，大白天公然在騎樓旁邊大曬馬桶，這又是何等景觀？令人嘖嘖稱奇的是，儘管在我們這些外來者，所感「不調和」和「不堪入目」的景觀異象，似乎沒有一個執法單位來管一管，要求改善，或許是「見怪不怪」，還是中國人特有的「包容」精神，以有致之？

凡是有經驗的人都知道，在大都市的「國營單位」其樓房必是高大的，門前的招牌必是金壁輝煌，甚多達官貴人的題字，一眼望去，十分氣派，但進得裡面，貨櫃上陳列的貨品則是凌亂的、不全的，尤其工作的「師傅」是懶散的，總是一付愛理不理的樣子，而且經常提早「下班」（再多的生意也不做），反之漸趨活躍的「個體戶」，則是完全不同的表現；態度熱絡，慇懃週到，不講門面排場，因而門庭若市，此一現象在在說明姓「社」的「大鍋飯」制度，遠不敵姓「資」的「小本小利」的精神，符合人性，切合實際。

三、秩序　秩序乃現代人的基本生活規則，也是文明社會的指標。有人說，大陸的大多都市，沒有秩序的規範，是因爲「人多」的緣故，這是似是而非的說辭，先進國家如美國紐約，約有一千餘萬人口，可是依然是交通順暢，街景美觀，行人都能衣履整潔，態度溫文有禮；反觀大陸的都市景觀，則是天壤有別，人多固屬「亂源」，但缺乏有效的管理規則，和認真無私的執法人員，才是真正原因；「單車陣」可在快車道上橫衝直闖，各憑本領、無人聞問，十字街頭紅綠燈，沒有權威，倒是站在街頭，手帶袖套，持紅旗，吹口哨的老眼昏花的交通指揮員（多爲屆齡退休的老人），倒相當的「權威」，當他口哨一吹，紅旗一揮，你就必須站立，不得前進，否則便高聲喝道：「罰款！」這種裁定是自由心證，任其好惡，隨意而爲，有時祗要一支煙，也可化解，故不論其龍鍾老態，絕對造成市容負面的影響有多少，但把如此瞬息萬變的交通秩序維護責任，交給業經退休的老者去擔負，也未免太兒戲了，據說：黨中央曾一再表揚這批離退人員，無私地貢獻第二春哩！寧不怪哉！

南京夫子廟，和上海城隍廟俱是頗有特色觀光市場，熙來攘往的人潮，每每造成萬頭鑽動的景象，購物、閒逛一批批蜂踴而至，三輪車、腳踏車亦穿梭其間，而各種具有流動性攤販，更是隨處可設，街心、要道照樣停放，車子的鈴鐺、喇叭猛按也不爲所動，甚至我親眼看到一位神態悠閒的老兄，竟在夫子廟出口的街道中間，把單車架好，斜靠在單槓上，捧一張報紙在專注地閱讀，其旁若無人與鬧中取靜的功夫，不能不讓你肅然起敬，管他妨不妨礙交通，反正這是我的自由！也沒人管嘛！上海的城隍廟的熱鬧、喧囂景像，自不讓夫子廟專美，而秩序的紊亂，則猶有過之，總之，人口蝟集，是大陸都市的特色，而閒人充斥更是現代奇觀；凡是較具名氣的街道、馬路上的單車陣、行人道上的閒逛人潮，讓你目不暇給，尤其不解的是，既非假日，又不是下班的時間，這些車陣、人潮從未稍歇，而多爲年富力強的青年男女，其神態悠閒，較之外來的觀光客，更爲瀟脫，這批人力資源不在辦公室、不在生產線、而悠遊於市井，直讓你質疑：果真人多好辦事嗎？這個政權的制度，不知扼殺了多少人才，也浪費了多少人力？所以才形成如此的「貧」、「愚」，夫復何言，令人浩嘆！

四、名勝

大陸的山川壯麗，文物錦繡，是拜五千年古老文化之賜，中共亦常以此傲人，老祖先智慧創造的文化遺跡，不幸不僅未能光大發揚，甚至連保存維護亦不重視，文革浩劫，是中華文化空前災難，因此現在所展覽者，亦多爲劫後遺跡，各地之名勝古跡多呈殘破、剝蝕象，儘管如此，慕名景仰的來者，仍是絡繹於途，因爲這些畢竟是中華文化的代表，何況自「解放」以還，似乎沒有可供觀賞的資源，去南京不謁中山陵、明孝陵；到杭州不遊西湖、不拜靈隱寺、岳王廟，遊蘇州不去拙政園、虎丘；經上海不遊城隍廟、豫園者，似乎就虛此一行了，因爲除此之外，實在沒啥新的景點文物，吸引遊客的了，基此情況，理當重視文物的維護與介紹，何況門票也是筆不小的收入，然而實際的情況並非如此。首先讓人感覺不合理、且爲之氣結的就是「一國兩制」的門票價格，台胞、華僑的票價往往是國內同胞的一至四倍，你怎能不有被「斬」的冤大頭的窩囊？如果高票價能換得高品質的服務，倒也罷了，而在高額付費之後，不僅沒有任何禮遇、方便，反而倍感困擾與不便，當你進園後，你不可能任意遊覽觀賞、進這室要票、進那廳也要票，即所謂「大票中有小票」，連上廁所也不例外，最令人絕倒的就是岳王的塑像與靈隱寺的大雄寶殿裡，竟然禁止攝影，據告是怕「傷害」文物，這種「見識」當不讓慈禧專美於前了。

在一般國家的觀光地區，特別是歷史文物的展示館，隨門票贈送一份簡介之類的說明書，以利瞭解，但大陸各名勝古跡之景點，則付缺如，我僅在宜興的徐悲鴻紀念館裡看到，一份單薄一張印刷普通的說明書，但索價三元，怎麼看也似乎不值。有些地區備有導遊，隨隊介紹，但態度、言談總讓人感到「不親切」，其專業知識，也僅止浮面的說明，而最讓遊客難以接受的，就是負有「把關」責任的管理人員，如收票員等對人大聲吆喝的態度，儼然一付「官員」對付小百姓的態度，好像讓你進去參觀是他的「恩德」一般，殊不知對付費的客人應有何種禮貌。至於各項展示的文物，甚少標牌簡介，即是有也欠完整詳盡，或者殘破難以辨識。諸如以上所陳之缺失，皆屬人爲因素所造成，祇是主其事者，念不及此，且無「心」把「該」做的事情做好而已！

五、人性　中國的固有文化傳統，是行仁講讓，民風淳厚。但歷經中共四十餘年的統治，特別是文革浩劫。不僅將這些優美精髓揚棄無遺，甚至把人性的善良與敦厚，也摧殘殆盡，更不知禮義爲何物。也許是「錢」的因素，把人變得「卑怯」「猥瑣」和「貪婪」了，我曾親睹一個堂堂七尺的男子漢，爲了一毛錢的廁所費，而在蘇州碼頭附近與一位女性管理員大吵大鬧，甚至要演出全武行，在火車站的候車室，竟然有身健但衣著襤褸的中年人，爲了乞討貳角錢而當眾下跪；我也曾碰到一位攤販，我向他問路時，竟然劈頭就是一句：「告訴你可以，付我什麼代價？」當場使我驚奇地一時無以言對，凡此種種，都是當今最流行的一句話：一切向「錢」看！試問人與人之間的關係，「綳」得如此之緊，那有「祥和」，那來「文化」？

綜合我半月之所見所聞，深深覺得大陸各地負有公職身份的人，都缺乏一份把事做好的「心」，固執舊法，不求改進，而這批人，特別是與廣大民眾接觸頻繁的人員，如車站的收票員，服務員、遊樂區的管理員、導遊，交通指揮員，他們都是一付盛氣凌人的表情，言詞粗魯，衣著隨便，我總覺得他們是帶著「怒」氣在執行公務，視民眾、遊客如寇仇，好像是：你不來找麻煩，我多輕鬆啊！因爲他們是吃大鍋飯的，多一事不如少一事，這種心態，怎能贏得外人的認同與稱讚？他們這種「賣方市場」的心態，在各行業、各階層，都普遍存在，壓根兒就沒聽過「以客爲尊」「顧客永遠是對的」論調，你怎能去苛求和苛責呢？

民國八十二年春首遊大陸記感

自神州首遊至今，又十數年，其間我亦再遊、十遊，行腳除了重要喧囂的城市，著名的觀光景點外，更與不少窮鄉僻壤的尋常人家，作過近身接觸，深覺初期的印象，已在逐步的改變中，特別是不少明星級的都會，其進步是顯著的，不論是硬體與軟體，都予人刮目相看的驚喜，大陸在躍進！中國已然崛起！

民國九十四年秋季於台北鄰植居

走馬美加

打從那個風雨飄搖的年代，揮別那片即將變色的山河，我一腳踏上了這四季如春的寶島，轉瞬之間，渡過了整整四十三個年頭，而我一直是「從一」地過著單純、規律、而又有些枯燥的戎馬生涯，回想起來，最爲稱奇的是我一直生活在島上，未曾離開一步，儘管曾奔波於南北不止千百次，也曾多次遠戍過金馬前線的大小離島，對這些地區的風土人情，我熟得不能再熟，當然也產生了豐厚的感情，我不僅認同這種民情風俗，甚至熱愛這裡的一草一木，以及淳良文化，但是四十餘年彈指而過，對外面世界，難免也有一份嚮慕之情，儘管媒體詳盡報導，予人有歷歷在目，宛若比鄰的感受，但那畢竟隔了那麼一層，缺了「臨場感」，所以「雲遊世界」成了我近幾年來最大的「奢望」，只是遺憾一直巴望，卻沒有任何機緣，也祇有無奈地徒喚負負！因爲誰叫你的肩上，要扛如許的「責任」呢？

井蛙騰躍萬里

終於機緣來了，我的服役年限到了，我順理成章地把那份嚴肅而沉重的責任卸下了，於是閃在腦袋的第一件事，便是「雲遊」，而尤其湊巧的乘便搭了一個公會工商考察的便車，因爲團中的成員，多半熟稔，不必戒懼地跟隨即可，一路上的行程安排、食宿照顧，都不必操心，外語肆應，也有專人負責，如此滿懷興奮之情，與妻繳了團費，就神態悠閒，滿心喜悅地遠征了，對我來說，眞是具有歷史意義的，因爲四十三年來終於跨「出」去了，一如常年囿於井底的蛙，一旦躍出，其興奮之情，是可想見的，其感受到的新鮮與刺激，也是可以理解的，因爲外面的世界是寬廣的，就連天空的色彩，也是變幻莫測的，何況我們爲期半月的行程，需橫越美國本土兩次，（舊金山——多倫多——邁阿密——西雅圖——溫哥華）共經美、加、日三國，在一日之間，先後體驗從零度到卅五度的溫差，這是前所未有的經驗，甚是難得。經統計全程共搭乘長程、近程飛機，達九次之多，里程約一萬九千餘哩，乖乖，不行則已，一行萬里，何其壯哉！

風光綺旎如畫

習慣了島上季節的變化，也熟悉了隨季節轉變的景物，一旦身臨異域，所見所觸者，確有「山河之異」的不同感受，許是時屆深秋初冬之際的緣故，我們所吸入心肺的空氣，似乎特別的清淨、新鮮，或許是美加兩國的環保做得好，沒有濁氣的污染，亟目所視，所有林木花草，都呈現著蒼翠、青蔥、和各種艷麗的色彩，奪目懾人，令人賞心悅目，我們到達的時季，正是加拿大楓葉最美的時候，沿途之上，一行行、一欉欉、一片片儘是楓紅層層！多麼壯觀，其中亦有紫紅、鵝黃的品種，有計劃地間植在市街、郊道、和高速公路的兩旁，雜夾著青翠蒼挺之路樹，和如茵的草坪，這份美景，在美加地區，不論市郊、荒野，都毫無遮隱地呈現大地之上，供人們欣賞，在我印象裡，似乎從未見塵沙飛揚、或雜草叢生、坑洞凹地的景象，好像所見到的除了柏油（水泥）路面之外，便是平坦茂盛的草坪；除了高聳入雲的大廈之外，便是蒼鬱挺立的樹木了，市區裡的招牌，有一定的規格；看不到縱橫交錯的電線，即便在世界之「最」的紐約，在整齊街道的上空，仍然可以看到藍天和浮雲的飄忽，此與台北終年灰暗，難見星空的景象，有極大的差異，就連郊外的小洋房、或社區連排的庭院，其花木仍然維護得生氣蓬勃，草地平如地毯，據說「門雪自掃」是每家的責任和義務，不容任何一家荒惰，否則鄰居可逕行告發，因爲維護每家的整潔，是你的基本義務，也是對社區（品質）的起碼貢獻！

重視弱者權益

美、加原爲兄弟之邦，同文同種緊鄰而居，相處和睦，雖有邊界之設，但兩國人民往還密切，過界不需護照，一張身份證就可通行無阻，邊界僅少數驗證之警察，沒有荷槍的軍隊，實在是令人稱羨的好鄰居。基於上因，兩國文化和社會秩序，亦有相同之處，其地大物博，國富民豐，可傲視世界，尤其社會福利，更是冠於全球，絕不會挾其資財，爲富不仁地窮兵黷武，侵凌弱小，而是以其取之於民的資財，創造福利，照顧貧弱、孤苦的弱勢人民；老人救濟、殘障福利，幾乎成了政府財政上的負擔，但他們義無反顧地照做，而且愈做愈多。我們雖然沒有機會去訪問這些機構，也沒有具體的數據證明其成效，但是就我在每處公共場所看到那些設想週到，體恤入微的設施，就可瞭解其對弱者權益的重視，如車站、公園、劇場……都有殘障人士專用的道路、坐位、扶梯，而一般人士習慣「殘障優先」的禮讓，即便終日無所事事的孤老，在任何場所，也會自然地得到尊敬、禮讓和幫助。這樣的社會，並不冷漠，而令來自禮儀之邦的我，感到「有情世界」的溫馨、可貴！

民衆利益優先

任何政府的施政目標，不外乎國強民富，其主政者亦都信誓旦旦地強調，民眾的利益爲先的理念，但究其實際，並不盡然，甚至有背道而馳，以賤民、虐民、橫徵暴斂爲能事的「君主」。美、加畢竟是民主的先進國家，國基豐厚，民主觀念普遍，因之社會的福利較有規模，僅舉一事即可證明：拜科技文明之賜，人民之行，可說極其稱便，不僅快速、舒適，而且便宜、方便，在都市生活的人，行之重要更是不在話下，台北交通之黑暗幾成每個人的夢魘，但是在溫哥華卻成了一種享受，他們發行一種「括卡」，實在稱便極了，四元加幣一卡，你如在當天外出，必須搭乘大眾交通工具，僅需在卡面上括去當天的「月」「日」即可搭乘市區任何型種的大眾交通工具，不論是電車、汽車、火車、地鐵，你可昂首闊步地登車，沒有驗票員逼人的眼光，沒有司機不耐的態度，幾乎你可旁若無人地上車尋坐，每個乘客的票卡，一經自己將當月當日的日期刮出，便可坦然自若地乘坐各種大眾交通工具，且可多次搭乘，或許碰到稽查人員的驗證，但並不是每車、每站都有的，如此作法，不僅省去了大量的驗票員，而且由於一票到底的便利，給民眾省去了多少排隊買票的時間和麻煩，更重要的是自行括票是對乘客人格的尊重，這些措施是多麼便民、信民啊！但這必須是高度道德水準的社會，才有的景象，當然民眾的守法精神，是這昇平景象的基石，亦才能使上層結構堅實、牢固。

尊重人性尊嚴

人是生而平等的，不論種族、膚色、男女、貧富、智愚、和社會地位的尊卑，因爲生命既是天賦的，每個人的尊嚴亦應給予尊重，世界上若干的戰爭，可以說是緣於某方對人性的戕害，和基本尊嚴的踐踏所引起，最有名的就是美國的南北戰爭，由於血流成河的教訓，以致使今日的美國有如此的民主。美國土地之大，國力之強，以及人種之雜，恐怕舉世難匹，不論你置身何州，街頭觸目所見，熙來攘往的行人，有白的、黑的、黃的、棕的、以及各色的混合，可以說是人種的展覽，猗嶼盛哉！但是每個行色匆匆者，都是昂首闊步，或漫步於街頭巷尾，或穿梭於商林巨廈，或在各種交通輸具之上，或悠遊於名勝古蹟之中，沒有畏瑣，沒有卑怯，每個人的神態自若，尤其肢體殘疾者，更得到特別專用設施的方便，這樣的社會，讓人感到溫馨、融和，因爲它沒有歧視的藩籬阻隔，因爲它是人的溶集，人性的尊嚴必須尊重，儘管你是外來的弱者，或是社會的負擔，這種雍容大度的襟懷，也許就是形成美國之大、之強、之富的要素吧！

中國特色遠播

今天的中國，不僅在世界上鼎足而立，尤其中國人克勤克儉的開拓精神，已經到無遠弗屆的地步，我想應該比「日不落」的現象，更爲寬廣、深遠；大陸、台灣、新馬、香港、以及散佈在各大洲的每個大小國家、貧富社會，新舊市鎮，幾乎無一處無「老中」的容顏，甚至在重要繁華的較大都市裡，另有「中國城」、「唐人街」之設，當然這裡聚集了爲數極眾的老僑、新僑，他們絕大部份都是經商，早期的洗衣店，已漸被淘汰，其他的商店，鱗次櫛比地開了一條又一條街，大多雜貨（小型超市）和餐館，而令人嘖嘖稱奇的是，經營的方式，幾乎完全一樣；佔用騎樓、人行道、吆喝叫賣、蘿框紙箱堆集在櫥窗之外，甚至道路旁邊，尤其甚者，連海鮮類的食物，照樣擺在路攤貨架之上，任由那些冰融的髒水，流淌一地，無怪乎導遊在介紹時，曾幽默地提醒大家所看到的景象，一定很「熟悉」，誠然這些雜亂景象與台北的「西門町」何異？其喧囂的程度，應該是不遜於「環南市場」的，我曾省思，這難道就是「中華文化」無遠弗屆的明證嗎？外國人的經營理念、方式，難道一點都不值得學習仿效嗎？何以僅一街之隔，一邊是櫥窗亮麗，人行道寬敞、秩序井然，一邊則是貨物雜亂、強佔人行道，喧囂髒亂，當你身臨前境，必然感到舒暢、安全、被尊重，而你一旦置於人聲鼎沸、污穢髒亂，隨時與人相撞的環境，難免有身臨「危境」之感，那不是愉快的，當然對一個習於「傳統」的人而言，是算不了什麼的，因爲我們早就練就一套「臨危不亂」的功夫，這些小場面自是「無礙」的！歸結而言，國人勤勞儉樸精神，和與生俱來的商業頭腦，當是洋人所不及，但整潔習慣、宗教精神、和貪便宜心理（佔用人行道）似乎也需要改上一改，不然，甚難贏得所在國，友邦人民衷心的歡迎與尊敬的！

信任重於管制

現代的政治理念，是管制愈少的政府，是最好的政府。拜科技文明之賜，昔日經由人做的工作，漸爲機器所替代，舉凡計時、計量、計程，幾乎無一不可偏勞這個既忠實又任勞的「勤奮工作者」，而且鮮少錯誤，效率驚人。在我們所遊歷的地區，不論是輸具、展覽場、劇館等大眾出入頻繁的公眾場所，甚少看到虎視眈眈的「把關」人，倒是當你身臨「謎境」不知所措時，反而可以及時獲得耐心的解說與指引，偌大的超市，也僅在出口處有一二收銀機的操作者；節目花樣繁多的迪斯奈樂園，也僅在各館的門口有引導入內參觀的人員，或在纜車、遊艇的一旁協助你上下，以保障你的安全，最令我印象深刻的是在樂園中，見到數位身著白色滾紅邊中古武士裝的男士，頭戴高禮帽，兩手分持掃帚與畚斗，不停地巡行於人群之中，只要見到地上有果皮紙屑等不潔之物，便會迅速清除，其態度認真，行動速捷，尤其高大英挺的裝扮，絕難讓你想像一個清道夫，竟有如此莊嚴的威儀，除了證明對遊人的尊重而外，似乎也給遊人一些教育——環境品質，必需大家維護。在我所接觸到的公共場所，其設備的管理者，除了維護正常運作外，似乎多爲「服務遊人」，亦即你困惑和需要幫助的時候，由他提供適切的服務，而不是虎視眈眈的「查票人」「稽查員」，更不是冷不防出現的「監察者」，這份對民眾的信任，以及民眾的自愛、守規的情操，才是建立互信，提倡祥和的基礎，祇有高度文明的社會，始可臻此境地！這是多麼令人欽羨和嚮往啊！

服務無微不至

在美、加地區遊歷半月，經過大小城鎮不計其數，不論是莊嚴的堂殿、巍峨的大廈、或是公共出入頻繁的遊樂場所，甚至路邊的休息站，它的公共設施，舉凡廁所、飲水、電話，都一應俱全，而且功能良好，任何地方廁所裡的衛生紙，擦手紙都是「不虞匱乏」的，我曾在一處偏僻的半山之上如廁，那裡儘管人跡罕至，但設備仍是一應俱全，而其整潔尤勝於市區，當你享受到這種細微、週到的服務的時，你不能不欽佩他們的「普遍」「週到」「無缺」的服務精神，當然國民的遵守秩序，愛護公益的習性，也是重要的原因。還有一些地方，你一進入即有舒適之感，不論是燈光、空調、行走的坡道、乘坐的椅凳，似乎都經巧思安排，或符人體工學，或方便稱心，那怕是推著輪椅的肢殘人士，同樣可以極其方便地登臨高聳入雲的帝國大廈，俯視塵寰，仰望雲天。另外爲服務外來旅客，在任何的旅社、休息站、遊樂場的大廳，總是排列各地的名勝、遊憩場的宣傳卡、冊，可任意取閱，你不僅可瞭解該處風光的特色，和展示內容，更可循示而順利到達，試想這些資訊的提供，對遠行在外，冀圖藉遊歷而增廣見聞的人，該是如何的重要和受用啊！真感謝這些卡片的引領，使我們獲益良多。前所列舉者，皆爲走馬觀花的膚淺的印象，或有偏失，但均爲親身接觸的感受，不管是否「以偏概全」，然而這畢竟是「真實」的。

結語

一趟萬里遠行，竟能讓一隻井蛙，睜大了眼睛，頓開了茅塞，除了印證「行萬里路」與「讀萬卷書」同樣是廣闊視野，增大見聞，和豐富人生的「法門」，在前面的記敘中，似乎多爲「有美皆備」的諛詞，但是以我這樣有強烈民族自尊的人來說，在頌讚「外國的月亮」的同時，也有必要回頭省思，探究原委，所謂：「看看人家，想想自己。」如果光是汗顏、懊惱、和自慚外，似乎未免「老僧入定」了些，我想應該先從自己的方寸之地來次「徹悟」，再從自己行爲舉止來次「革新」，然後由小而大，由近而遠，由易而難，當然，要做個「現代人」，也不是如此簡單的，當然，以我這樣久歷戎馬，長期在一定的意識形態、生活方式中生活的人，是否有足夠的條件成爲「現代人」，也是不無問題的，但是我卻有自信做個「不新、不舊」的快樂人，是可以努力辦到的！

民八十一年十一月于台北

十三年前的一趟「走馬美加」之行，固使井蛙大開了眼界，甚至堅信「外國的月亮」較圓，尤其美國之強，幾是世界難匹，但當我一旦「抽離」公職立場，盱衡世局的發展，似乎益覺「強盛」必奠基在「強權」之上，換言之「強權」是導向「強盛」的手段，至於所標舉的「公理」、「正義」、「人權」、「民主」與「自由」等定義的解釋權，亦多操之於「強者」之手，因此，印象中的「美好」，並不存存於「實際」中的，證諸「美伊之戰」，以及強橫對弱小內政的干預，在在都表現出一付「醜陋的面孔」，這顯然與我當時認知的印象，是有極大的落差的。

九十四年九月於台北鄰植居

法南采風

自退休解甲以來，在了無負擔與牽掛之時，曾多次參加國內外之遠、近程之旅途，一以增廣見聞，以彌補往昔因戎馬生涯侷限，所造成之閉塞視野，一以排遣餘暇，藉新鮮環境之接觸，而激勵自己的適應能力，與「向陌生挑戰」的意志；多次隨旅行團出征，近程爲東南亞三五日「似曾相識」的文化之旅，遠程則是歐、美、非洲十幾廿日的「陌生挑戰」的探險之旅；東南亞諸國，多係同文同種之人，即使語文殊異，但風俗、飲食習慣則多相同，況且遍佈中國僑民，入其境，頗有如歸之感，至於歐、美、非諸國，雖有些許認識，但因其語文、生活習慣、飲食風味，甚至價值觀，均與保守而古老的中國人迥然不同，每次隨旅行團出遊，只要做一個謹守「團規」的人，便能愉快地吃、喝、玩、樂了，因爲一切由導遊負責安排、接洽，住的是高級旅館，吃的是中國菜，景點的介紹，也是聘請當地華僑或留學生擔任，因此溝通、適應是絕無問題的，全程中你幾乎沒有面臨「陌生」的挑戰，何況每至一處，大都是浮光掠影與走馬看花的「走過場」，要想留下什麼深刻的印象或難忘的記憶，似乎少之又少，難之又難，頂多只能夸談「我曾到過某地」、「我曾見過某景」，若要詳究內容、史實，則不甚了了，當然錄影、照片可幫助喚起一些印象，但卻無法重溫當時的感受，除非你是極仔細而又勤於紀錄的人，否則「走過場」或「趕集」似的旅遊，雖然滿足了「開眼界」的慾望，但遠非一次「自助、深度」之行，來得充實而豐富。

欣兒負笈法國，先後三年，第一年雖曾返台省親，對其生活與學習情況，雖有初淺瞭解，但一介弱女，遠隔重洋萬里，電話，書信亦常往還，但畢竟未曾目睹，仍難免有些不捨與惦掛，九月前後欣兒約有一個多月的假期，加之正是夏末初秋最涼爽怡人的季節，經其再三邀請，並允儘量全程陪遊，位於法國南部諸城市之景點風光和文物古蹟，這也是我久所嚮往的一次深度旅遊，自然會怦然心動，九月十八日偕妻經旅行社安排簽證、訂機位，遂束裝就道，先經香港赤臘角新機場，後乘法航逕至巴黎戴高樂機場，行程歷經十一時許，再轉乘境內班機直飛土魯斯（Toulouce）這是一座有歷史古蹟的航空製造的城市，人不多，幅員則不小，有「加倫河」貫穿市中，大學、教堂、博物館皆富盛名，市容井然有序，尤其高聳參天的梧桐樹，在藍天白雲的空際伸展，搖曳生姿，予人美好感受。爲欲達到體悟「法式」生活風情，乃在逗留的廿天中，先後遊訪鄰近之城市、小鎮、港灣與古蹟，計有：土魯司、阿歷比、比亞里茨、巴約納、波爾多、卡爾卡松、塞特、蒙彼利埃、蒙爾甬等地，並曾三度投宿於遊地之旅社，故可作晨昏漫步，街市巡禮，以及夜遊，我們走大街、穿小巷、登山、臨海、及超市、傳統市場與極有情趣與特色的跳蚤市場、真可謂「走透透」了，凡信步所至，絕無時空催迫感，對景物的探訪，對各行業與層級住民的接觸，應是最爲直接、貼切，而所見所聞，亦應是最爲真實、客觀。謹集結所感，概述如次：

藍天伴白雲，垂楊盪碧波

揮別灰暗的台北天空，登上經香港飛巴黎的班機，先後約十五小時，由於是夜航，加上換日時差，一路都是在暗夜中渡過，走出巴黎戴高樂機場，天始微明，當轉機土魯斯時，已是旭日東升的時分，翹首仰望，天空碧藍，白雲朵朵映著曙光，呈繽紛五彩之景象，這是在污染殆盡的北台灣，難得一見的，兼以微微的秋風吹拂，頗讓人心爲之一震，並有神清氣爽的舒適感。

貫穿土魯斯的加倫河，是灌溉法國南部的重要大河，河水清澈，兩岸護堤及邊坡大片綠地，擘建的公園，遍植花木綠草如茵，尤岸旁數株高大的楊柳，條枝下垂，隨波蕩漾，偶有鷗鳥，水鴨浮遊其間，岸邊有兒童嬉戲，大人溜狗，情侶漫步，一派幽閒靜謐而安詳，真是一幅生動絕美的圖畫，目睹神領，怎不陶然忘憂？上天何獨厚斯民，允其擁有如此美好的天氣與景緻，委實令人心羨不止。

梧桐蔭遮道，街景煥然新

如果說花草是都市的容顏，那樹木就必然是都市的心肺，它不僅美化了「水泥叢林」，而且給生活在都市的人們帶來清新的空氣，過濾掉塵埃，調節了氣候，當然更提供了既可遮日的景觀。世界任一文明都市莫不重視都市的綠化，甚至以爲文明進步的指標。

法國的梧桐樹，高聳壯碩，枝葉繁茂，可列爲街樹之上品，尤當炎炎夏日，烈陽炙人，行走其下，在密佈的濃蔭中，宛如身臨「綠色隧道」般怡人。在我所遊歷的大小城市，乃至偏遠小鎮，街市兩旁，都種植著梃立不拔，枝葉繁茂，搖曳生姿的梧桐，煞是壯觀。

街頭多麗人，粧束毋怪異

由於種族融和，在法國都市的街頭，你可看到「各色」人等，正宗的法國人，不論男女，個頭都並不像其他歐洲人，那樣高眺壯碩，大致與亞洲人無異，只是在容貌與粧束上，則大異其趣，法國男女的臉龐，均較「狹窄」，鼻耳之間，似乎鮮有「幅地」，每一張臉，好像都經過擠壓，而是側扁狀，再加高又尖的鼻樑，更突顯了此一特色，其眉濃如臥蠶，而眼睛極爲大而明亮，不論黑、棕、褐與碧藍色，均可稱「明眸」。法國男士的裝飾，如上班族多著西服、風衣，手提公事包，年青人則較隨便，牛仔褲加T恤最爲常見，至於女人則是街頭的主流，其粧扮自然隨身份、年齡之不同而各異其趣，世界最流行的服裝款式、顏色、髮型、配件、鞋樣，自然會很快並領先地在各城市的街頭，一一展示，讓人目眩色迷，兼以曲線玲瓏凹凸有致，時雖入秋，而少女之露背、中空、迷你等服飾，仍昂然招搖過市，至於類如「名模」的衣架們，即使驚鴻一瞥地「逛街示眾」，也不會造成任何聳動的效果，因爲流行的風潮，絕非因一二人而突顯；因爲法國街頭麗人多，在比比皆是的情況下，何賴立異標新？何況一般之衣著、粧飾已漸趨平常化與生活化了，婀娜多姿、濃裝艷抹的貴婦人，似乎只有在社交場所，或劇院的舞台上下，可得窺視。

華服價不菲，廉物少又少

百貨公司櫥窗所展示的服飾，極爲炫目，鮮有不怦然心動的，因爲那些就是當今流行的尖端代表，不論款式、顏色及搭配之衣物，都是極一時之「新」，如定力稍差者，甚難抗拒其誘惑，乃興「吾欲而得之」的念頭，但當你靠近細看其標價時，則莫不搖頭怨嘆「錢薄力單」了，一般的價位約高於台北二三成，當然也有換季、促銷的降價貨，如你拿不準時間，錯過機緣，也只好徒喚負負了。

至於頗具特色的「跳蚤市場」的物品，是否絕對便宜？倒也未必，因有些舊貨是當古董賣的，另一些大眾的生活用品，固然較公司、商店價廉，但其質料亦相對差上一截，所謂便宜無好貨，斯理至明。

價格透明化，童叟均無欺

法國人做生意，似乎較爲誠實，而且「標價」徹底，不論是百貨公司的服飾、商店裡的貨品，乃至飯館的菜餚、旅社的房間，都明示著其內含價格，如打折降價亦劃去原價，另用紅字另標新價，有的餐廳不僅將每菜的價錢，寫得清楚，甚至將菜的樣品，用彩色照片一同展示，讓客人走到店門口就一目瞭然，然後再行比較，就自己的口味和能力，決定吃還是不吃？如此，就不致有上當被坑的感覺，這樣也減少漫天叫價，就地還錢，和誤會衝突的機會了，價格透明化，主客皆宜，且有助於誠信風尙。

姿容雖優雅，行事慢半拍

人們皆以法國人是浪漫派，態度從容，動作優雅，講求情趣與美好氣氛，我當然不敢否認這種「法式特質」，或許未曾親歷目睹，但有關法國人的行事風格，倒是領教了不少；就拿日常生活中購買車票一事爲例，當你詢問售票員，到何地、何時買何種票時，他會慢條斯理，先打電腦，然後再一一告訴你的問題，如你可買某種折扣票的話，他就會找出相關的規定，說明，核對，最後再交錢取票，往往一折騰就是三五分鐘，他完全無視於你後面眾多急躁而又無奈的顧客，到麵包店買三明治這樣的一筆簡單的交易，也會耗去你不少等待的時光，因爲他接到前面顧客的生意，就會專一而無旁騖地從取麵包、加生菜、問口味、送烘熱、取麵包、裝袋、收錢，等手續次第完成，絕不會在中途烘烤的空檔，作其他的準備工作，然後才會面對第二位顧客，我在急躁不耐之餘，曾懷疑他們的工作效率和經營能力，因爲我們中國人的應付眾多客人能力是一流的；靈光的店員可以在接甲的生意時，順便和乙對話，而眼神又飄向丙方，使之不受冷落，而且手腳靈活，旋踵就搞定一排隊伍客人的生意，何等俐落？而法國人做事、答詢都是不厭其煩，慢條斯理的，只是在時效上不太講求罷了。

教堂聳天立，信徒遍衆生

歐洲人多信奉天主教與基督教，以及少數的回教，由於宗教信仰的虔誠，因而使人心的教化，行爲的規範，乃至社會秩序的融洽，大有助益，其功效甚至超越法律與教育。法國人深受宗教薰陶，致民情大多淳厚、善良，良堪認定。

經我走訪之南方城市、鄉鎮，其最引人注目的，就是當地高聳入雲的教堂鐘塔，建構雄偉，多以大理石、花崗岩砌建，並有悠久的歷史，久者上千年、數百年者，所在多有，起碼也有幾十年，其形式則多採羅馬與歌德式建築，氣勢雄偉，堂內之壁畫、塑雕、印花玻璃窗，在在都攝人心魄，入其內不由肅然起敬，絕無喧嘩放縱者之身影，這也許就是最初和明顯的教化吧！我曾在一小鎮巡遊，細數竟有較具規模之教堂有四座之多，而其中一座已逾八百餘年的歷史，雖曾遭戰爭摧殘，但終因教徒的維護，而重建使之完好如初，繼續發揮「人類心靈守護」的教化功能。

神駒小而嬌，風火有專道

以法國之富庶，人民之優雅，以及良好的工業基礎，用以代步的汽車，理應有相當高的普及率，甚至應擁有豪華之車型，其實就我觀察，似乎大謬不然，街市和高速路上奔馳的，則偏是體積小，車身短的「國民車」，所謂「二馬力」，類似金龜，俱多無後車廂，單門、手排，其售價均在台幣廿五萬卅萬元之譜，極得法人之鍾愛，路邊停車亦極便利，雖然大路的兩側，巷道的一邊，都排列整齊停滿了這類「小而嬌」，至於豪華之勞斯萊斯、凱的拉克、乃至賓士等名車則絕無僅有，但大多人仍搭乘便捷的公車和地鐵，以顯示法國人之儉樸與不尚驕奢，至於年青一輩則蹬踩自行車，或直排輪、滑板爲之代步，因市區在車道與行人道之間，另闢一條專供自行車的道路，儘可風馳神勇，一往無前地穿梭、奔馳，這實在是件細微而又合乎人情的設計，值得參考。號誌與斑馬線極爲權威，汽車駕駛多謙和禮讓行人優先，而道路之規劃多爲單向行駛，故鮮少塞車或因違規而造成交通事故，這在都會要區，確是一件頗足稱道的事。

寵遊一家親，忠犬常相隨

任一先進都會，最爲頭痛和極難根治的兩大難題，即遊民與流浪犬的氾濫，紐約如此，倫敦亦然，當然台北更甚，這是件普遍性的社會問題，也是環保上一大麻煩事，儘管先進都市都設有收容貧病無依遊民的場所，如老人院、救濟所、中途之家，免費提供簡單食宿，但是天性酷愛自由的人，則不習慣甚至不屑，接受此項主政者引爲「德政」的福利措施，他們慣於幕天蓆地，無拘無束的飄泊生涯，這是人性的扭曲與墮落，因其中不乏可自食其力的壯碩漢子，他們寧願殘賤自尊，而伸手乞食，實在令人費解。

法國對流浪狗之取締，極爲嚴格而徹底，街頭巷尾所見之狗兒，都是有主的，並掛牌證，不論碩大的諾威那、牧羊犬，或驃悍的獵鷹犬、狼犬，或小巧玲瓏的約克夏、杜賓，都是主人的「寵物」，在街頭與主人亦步亦趨，形影不離，或綣曲主人懷抱，猶顧盼生姿地東張西望，一派人模人樣，或因愛犬者刻意養護，故每一隻狗都是雄偉的，漂亮健康的，有人說：法國沒有醜狗，此言信然。

在法國的都市街頭，常見一些遊民身旁，常綣伏著一條極其壯碩毛亮神勇的大狗，伴隨遊民乞食，此類狗既溫馴又有教養，頗惹人憐愛，因而博取路人的同情與疼愛，於是便大方施捨一番，如此便成了「主因狗貴」，相對的若狗因無主，亦將遭到捕捉甚至撲殺的命運，遊民因飼養了狗因而得利，狗則因有遊民的眷顧，而免厄運，這眞是魚水相幫，相互扶持，相依爲命的「生命共同體」，實在是件妙事。

憤世嫉俗的青年，爲顯示對社會秩序的反叛，乃嘯眾聚集爲伍，著奇裝異服，留怪異髮型（多於頭頂中間留一排圍籬狀之長髮，並染異色）帶耳環、穿鼻勾、牽雄犬，骯髒、邋塌、不修邊幅，顧盼自雄，招搖過市，旁若無人，男女雜處，這些浪跡漂泊的異類，常與遊民結伴，同食同飲，時據市之中心廣場爲活動地區，或縱談、或狂飲，目無餘子，因其怪異至甚引人側目，其行止雖頹廢、疾憤，但對路人則無攻擊與破壞行爲，良堪慶幸。

污邪亂塗鴉，市容俱蒙塵

當一片潔白的牆面，被塗上一堆鬼畫符的圖形，既不是文字，又不是圖畫，你一定會驚奇和惋惜「白壁有瑕」，也必然會痛罵這些無聊的「塗鴉者」缺德，可是當全市區的公共設施的牆壁、電話亭、候車站、乃至私人宅寓的門、窗、甚至停在路旁的汽車，都被這五顏六色、光怪陸離的圖形污染，幾無倖免時，除了你的視覺享受，遭到強掠式的破壞，在痛惜與遺憾之餘，你必然會對都市文化，何其污濁和淺薄提出質疑，對現代人一些病態的反叛與破壞行爲，感到憂慮，因爲「都市塗鴉」，已成了一種流行的風潮，紐約如此，倫敦亦不例外，當然法國自是不甘落後，且極普遍，連純樸的南方各大小城鎮，都不能免於這種污染的風潮，實在令人費解。

前述法國南方城市之主體建設，俱有良好基礎，房屋排列整齊，街道平坦，連巷道都予人潔淨印象，街市既沒有雜亂的招牌廣告，亦沒有阻絕行人的機車横陳，但在你昂首闊步徜徉街頭時，仍得小心腳踩「地雷」（狗屎）。法國人雖然愛狗，極盡巧思地爲狗兒打扮，甚至可用「花枝招展」來形容，三不五時要帶著愛犬上美容院，大肆修飾，經常牽之、抱之進餐廳，逛百貨公司，狗兒與時髦的主人闊太太、大小姐一樣地湮視媚行，顧盼生姿，好不令人艷羡，但是狗兒在得寵之餘，難免就難以控制地「一洩爲快」，有些主人家教甚嚴，不允其隨地便溺，有些並隨帶收拾善後報紙和塑膠袋，（有少數城市之公園設有抽取之塑膠袋，供溜狗者取用）即時處理，未留下任何「紀念」，而多數飼主則任由狗兒方便，反正他自個兒走在前面，絕不會「觸雷」，污穢其尊腳的，這些飼主，委實缺德，而各地之政府部門，似乎都習以爲常，而視若無睹，自然也就沒有什麼改進措施，試想一條平整潔淨的人行道上，東一堆穢物，西一灘「黃金」，猶如美女臉上的天花，是多麼的不調諧和殺風景的事啊，因此，行人只有街頭漫步的瞻顧之時，小心謹慎，自求多福了，不然一腳的「黃金萬兩」，既髒又臭，絕對會影響你的遊興的，能不慎乎？還有自由翺翔的鴿子，亦是歐美人士所喜愛和放任的寵兒，在公園、廣場都有成千來去自如的鴿子，或飛翔盤旋，或落地覓食，甚至常在行人的腳旁、肩頭、手上啄食你所準備的玉米等飼料，根本無懼於你的捕捉，與人的關係極爲信任與友好，好一派人禽交融的和諧畫面，但是眾多的「飛行天使」在神態優雅的翺翔中，會有意無意地表演一手「空襲投彈」，而尊頂、美髮與華服亦有極多的機率「中彈」的，至於足下的「地雷」，仍得小心走避，方爲潔身之道。

法國人生活的面面觀

法國人自傲是科技先進的國家，因爲他們是世界「核子俱樂部」的一員，在太空探測上亦有一席之地，尤其航空事業更是世界舉足輕重的國家，子彈火車與幻象機一直傲視群倫，這些輝煌成就，在在都說明了法國的「強大、富庶、與先進」，但是在實際的生活層面，卻有了難以理解的落差，諸如南部城市仍沿用手排式「二馬力」的小經濟車，在偌大的城市、寬廣的馬路上行駛，不僅顯得「小氣」，而且是極不調協相乘的。

※　※　※

法國人素以浪漫、優雅著稱，他寧可花兩三小時吃一頓便餐，或更長的三五小時參加一次較爲正式的宴會，但似乎不會在工作效率上有所講求；買一張車票，他會不厭其煩地告知相關規定；買一份三明治，他會專注地完成各項調理程序，絕不旁騖地與下面客人答訕；沖洗一捲照片，他會要你在三到五天之後再來取。

※　※　※

法國的空氣品質應可稱道，大環境的綠化，都市裡的街樹與公園的普及，也是相當了不起的，下水道與河川整治亦是條理井然；街頭巷尾遍設垃圾筒，但未作分類處理，對資源回收工作似未重視，男女（特別是年青女性）的抽菸風氣甚爲熾熱，公共場合未予禁菸，叨菸漫步街頭，已成都市一景，主政者似乎未感受到「菸」對人體的戕害，對空氣與環境的污染，而未作「禁菸」之要求；街市的人行道上的黃金——鴿糞和狗屎，已到令人怵目驚心避之不及的程度了，但是未見任何改善措施，這些不調諧的矛盾現象，對一個外人來說，應是怪異的。

※　　※　　※

法國人溫文儒雅、與亮麗端莊，是予人頂好的初步印象，對人的親切態度，週到禮貌，也是贏得友誼的原因，兩個素昧平生的人，一經介紹，馬上就會熱絡起來，男的握手、把臂，女的擁抱、貼臉（左右各一至二次）並需「漬漬」有聲，一般面善者相遇都「捧珠」（你好）一聲，實在令人感到「人間有溫情」的溫馨感受，以至社會呈和諧氣氛，即便是流浪乞食的遊人，也鮮少粗眉怒目的猙獰漢子，每個人都似乎挺有教養與氣質的，但是有關金錢的往來，則是明算賬，甚至錙銖必較的，應邀赴宴，送一束花，或一瓶普通的葡萄酒，已是「夠意思」的了。

※　　※　　※

香菸對人體的戕害，已是不爭的事實。因此「禁菸」已漸成爲世界性的趨勢。然而法國似乎無視於此一情勢；你不僅可在任何的公眾場所，看到癮君子們吞雲吐霧，甚至在喧鬧的街市，有更多的美少女、闊太太，在昂首闊步的同時，絕大多數都在尖尖的十指中，夾上一根，走一段路，輕輕吸上一口，姿態優雅，但是這些縷縷輕煙，集少成多之後，是否會形成一種污染？似乎沒人聞問。

※　※　※

在街頭乞食討生的遊民，並非全係老弱殘疾，衣衫破爛者，其中亦有青春少女、壯碩青年，亦有體態豐滿的婦人和俊偉的大漢，或許他們已淪落至此，處境堪憐，他們或站立街頭，或坐門口台階，僅在腳旁置一小罐，或將帽子反過來放在一旁，以便好心行人施捨之輔幣投入，每次收獲多則一法朗，少則一角、兩毛，最多者爲五角，儘管如此之少，但是一支大約八毛錢的香煙，他們仍然大模大樣毫不吝惜地照抽不誤，其神情自若，並無「衰態」，彷彿「遊民乞討」也是一種理直氣壯的職業一般，或許這就是價值觀殊異之處吧。

民國八十七年十月于台北鄰植居

金門紀行

歲次己卯臘月十五日，爲鳴皋大兄八秩壽誕，武、庚二弟聯袂偕遊昔日之烽火戰地——金門，作二日遊，謹以打油數則，紀盛！

歡慶大兄八秩秋　聯袂跨海金門遊
莒光樓上翹首望　故國山河一眼收
太武雄風旌旗展　古寧奮戰血斑斑
危難關鍵八二三　扭轉台海巨波瀾
馬山隔空聲相聞　兵戎雖息陣仍陳
壯士護國勇捐身　民俗村裡尋覓根
湖井頭頂點江山　烈女墳前立碑鑑
翟山坑道神斧功　巨艦飛艇潛其中
浯江文風代無間　點化庶政眾歡顏
峰火遺痕今猶在　征人頻拭淚眼看

附錄二

新疆十八怪

一、豬字不要說出來。
二、汽車要比火車快。
三、鞭子底下談戀愛。
四、姐姐出嫁把妹帶。
五、吃著饢餅像鍋蓋。
六、辣子鷄裡下皮帶。
七、美麗新娘下午來。
八、結婚晏席無酒菜。
九、風吃石頭砸臉袋。
十、膠鞋穿在皮鞋外。
十一、夏日要把皮襖帶。
十二、鐵床擺在大門外。
十三、男人要把綠帽戴。
十四、美麗小刀腰間帶。
十五、敬酒歌舞最豪邁。
十六、井底全部連起來。
十七、瓜果待客最實在。
十八、古絲道上地名怪。

雲南三十八怪

一、湖泊叫著海。
二、茶葉按堆賣。
三、鷄蛋串著賣。
四、青菜叫苦菜。
五、草帽當鍋蓋。
六、三隻蚊子一盤菜。
七、四隻老鼠一痲袋。
八、火車沒有汽車快。
九、火車不通國內通國外。
十、石頭暢銷海內外。
十一、竹筒能做水煙袋。
十二、東邊下雨西邊曬。
十三、大姑娘不結褲腰帶。
十四、小和尚可以談戀愛。
十五、四季服裝同穿帶。
十六、石頭當著寶來賣。
十七、姑娘背著娃娃談戀愛。
十八、老太太爬山比猴快。
十九、粑粑叫餌塊。
二十、十八姑娘叫老太。
廿一、姑娘四季把花戴。
廿二、雙手可以當碗筷。

廿三、腳趾四季露在外。
廿四、石頭當瓦蓋。
廿五、鮮花四季開不敗。
廿六、牛奶煮成片片賣。
廿七、鞋子後面多一塊。
廿八、石頭長到雲天外。
廿九、種田能手多老太。
三十、袖珍小馬有能耐。

卅一、蚱蜢能作下酒菜。
卅二、常年都出好瓜菜。
卅三、好煙見抽不見賣。
卅四、芳草暢銷海內外。
卅五、娃娃出門男人帶。
卅六、山洞能跟仙界賽。
卅七、過橋米線人人愛
卅八、米飯餅子燒餌塊。